L'ART DE CONVAINCRE

Collection dirigée par Alain Jacques

L'ART DE CONVAINCRE

GILLES BOUDRIAS
Professeur au cégep de Sherbrooke

Chenelière/McGraw-Hill
MONTRÉAL • TORONTO

L'Art de convaincre

Gilles Boudrias

© 1989, McGraw-Hill, Éditeurs

Couverture, logo «Savoir Plus», conception graphique:
 Denis Hunter
Illustration de la couverture: Figures contrariées (1957)
 de Paul-Émile Borduas, huile sur toile, 61 X 71 cm.
 Collection Lavalin inc.

Chenelière/McGraw-Hill
215, rue Jean-Talon Est
Montréal (Québec)
Canada H2R 1S9
Téléphone: (514) 273-1066
Télécopieur: (514) 276-0324
e-mail: chene@dlcmcgrawhill.ca

ISBN 0-07-549833-2

Dépôt légal: 1er trimestre 1989
Bibliothèque nationale du Québec
Bibliothèque nationale du Canada

Imprimé au Canada

5 6 7 8 9   00 99 98 97 96

avant-propos

La collection **Savoir Plus** a germé dans la ferveur des enseignants et des enseignantes de la philosophie au cégep. C'est
pour cela qu'elle leur est réservée, qu'elle leur est destinée
tout particulièrement.

C'est avec amour et respect pour les êtres qui leur sont
confiés que les professeurs de philosophie ont élaboré des
textes, des manuels et des manuscrits facilitant le contact
avec ce qui s'avère plus qu'un savoir. Ces professeurs ont
donc comblé, par eux-mêmes, le manque d'outils pédagogi-
ques adéquats à leur enseignement. Souvent, ce fut un travail isolé, sans autre soutien que la volonté du chercheur
authentique, sans autre objectif que celui d'être efficace,
mieux compris, plus utile.

Lorsque le projet d'éditer du matériel didactique spécifique à la philosophie m'a été soumis, une évidence m'appa-
raissait inéluctable: qui, mieux que ceux et celles enseignant
la philosophie au cégep, pouvait produire ce matériel? C'est
ainsi que j'ai visité les départements de philosophie du réseau
collégial. J'y ai recueilli une manne généreuse, riche et variée.

Ce sont ces fruits que vous propose la collection **Savoir
Plus**: la moisson de vingt années d'enseignement de la
philosophie, le **plus** dont bénéficient les jeunes au Québec.

Alain Jacques

table des matières

INTRODUCTION 1

PREMIÈRE PARTIE **LES DIFFÉRENTS GENRES DE DISCOURS** 9

DEUXIÈME PARTIE **LES MOYENS DE CONVAINCRE**

Chapitre 1 La conviction antérieure 19
Chapitre 2 L'analogie 24
Chapitre 3 L'exemple réel 27
Chapitre 4 L'exemple fictif 34

TROISIÈME PARTIE **LE RAISONNEMENT**

Chapitre 5 Les genres de raisonnement 43
Chapitre 6 Les énoncés attributifs 46
Chapitre 7 La mise en forme du syllogisme catégorique 53
Chapitre 8 Les sophismes 59
Chapitre 9 Les syllogismes composés 68
Chapitre 10 Le raisonnement par analogie 75
Chapitre 11 L'induction 78
Chapitre 12 Le raisonnement par homologie 82

QUATRIÈME PARTIE **L'ÉVALUATION DES ARGUMENTS**

Chapitre 13 Le monde réel et le monde des idées 89
Chapitre 14 La pertinence 91
Chapitre 15 La crédibilité 94
Chapitre 16 La suffisance 99

CINQUIÈME PARTIE **LA CONCEPTION D'UNE ARGUMENTATION**

Chapitre 17 Rhétorique ou dialectique? 111
Chapitre 18 Le sens et les valeurs 114
Chapitre 19 Le traitement dialectique d'une question 119
Chapitre 20 Le discours philosophique 123

CONCLUSION 129

INTRODUCTION

Le mot «convaincre» inspire parfois une certaine répugnance, on l'associe à l'activité des sophistes qui cherchaient à tromper, ou à celle de la publicité qui cherche souvent à manipuler. Dans le mot «convaincre», on trouve malheureusement le mot «vaincre», on voit alors dans l'acte de convaincre la quête d'une victoire sur l'autre au sein d'un débat oratoire ou d'une dispute. Ce n'est évidemment pas l'objet de ce manuel qui aurait tout aussi bien pu s'intituler «L'art d'argumenter avec soi-même et avec les autres» ou «L'art d'étudier une question litigieuse». Si le titre *L'art de convaincre* a été retenu, c'est qu'il exprime mieux ce qui constitue le fondement de cette activité: la conviction qui est du domaine de la croyance. Par «croyance», nous n'entendons pas ici uniquement la foi religieuse, il ne s'agit là que d'un seul objet de croyance parmi des millions d'autres: la décision de prendre une carrière, de se marier ou non, d'avoir des enfants, etc., s'appuie sur des croyances. Le domaine de la croyance ne se limite d'ailleurs pas au discours quotidien, les discours politique, judiciaire et philosophique en relèvent aussi. Épris de science et de technologie, l'humain du XXe siècle a honte d'admettre que ses choix, ses actions, reposent sur des croyances. Mais n'est-il pas plus sain de reconnaître nos croyances que de les maquiller en preuves pseudo-scientifiques? C'est le faux savoir, la croyance aveugle qui conduit à l'intolérance et au fanatisme; et non la croyance reconnue, réfléchie, éprouvée que nous appelons ici «conviction». Dans ce contexte, l'art de convaincre est une méthode permettant de mieux traiter, partager et confronter nos croyances. En ce sens, l'art de convaincre, c'est aussi l'art de se convaincre soi-même. L'enjeu de cette démarche consiste à transformer nos opinions et nos croyances en convictions ou à y renoncer.

Pour mieux comprendre la portée de cette méthode, il faut distinguer l'acte de convaincre de celui de persuader. La persuasion donne apparemment un résultat semblable à celui de l'acte de convaincre: on amène une personne à vouloir ou à faire ce que nous souhaitons. L'acte de convaincre permet aussi d'atteindre ce résultat, mais ce n'est là qu'un à-côté de sa fonction première qui est de fonder une croyance ou une opinion en fournissant les raisons qui la soutiennent. Un exemple personnel nous aidera à voir cette différence. Voyant ma petite fille de six ans en train de fouiller dans une armoire à la recherche d'un contenant, je lui ai demandé ce qu'elle comptait en faire. Elle m'a dit qu'elle voulait cueillir des champignons sur le parterre et les manger. Vous comprenez que cette idée m'a déplu. Je lui ai donc dit qu'elle ne devait pas manger des champignons sauvages parce que certains d'entre eux sont empoisonnés et qu'il faut être un spécialiste pour les reconnaître; manger des champignons inconnus risquait donc de la rendre très malade, voire même de la faire mourir. Je me suis vite rendu compte qu'elle était convaincue et je n'ai pas eu besoin de la surveiller par la suite. Elle ne risquait pas de me désobéir parce qu'elle partageait les raisons que je lui avais fournies. J'aurais pu, plutôt, essayer de la persuader en disant: «Je te défends de manger des champignons. Si tu en manges, tu auras telle ou telle punition.» On peut persuader quelqu'un au moyen de menaces ou de promesses de récompense, mais on ne peut convaincre de cette façon. Pour convaincre, il faut partager une partie de notre vision du monde. Convaincre quelqu'un, c'est l'amener à comprendre les choses comme nous les comprenons. Se convaincre, c'est comprendre les différents points de vue possibles sur une question et se situer par rapport à eux.

Les moyens de persuader ne se limitent pas à la menace et à la promesse, mais la persuasion est toujours particulière et subjective. Pour persuader quelqu'un, on s'appuie sur ses croyances ou ses penchants personnels sans tenir compte du bien-fondé de ces croyances ou penchants. Par opposition, l'acte de convaincre a toujours une intention universelle et objective. Dans une démarche de conviction, on cherche à fournir des raisons qui seraient valides pour n'importe quel être humain sur terre (universelles) et on tient compte de leur réalité ou de leur efficacité dans le monde (objectives).

La persuasion est souvent légitime. Si vous devez vous rendre dans une municipalité lointaine et que vous n'aimiez pas voyager seul, il n'y a rien de mal à encourager un ami à vous accompagner en lui promettant d'aller, là-bas, manger dans un bon restaurant. Mais dans des situations qui engagent la qualité de notre existence ou l'ensemble de notre société, la persuasion ne suffit pas car les êtres humains ne sont pas des moutons: ils ne se contentent pas de ce qu'on leur indique l'orientation à suivre dans leur vie, ils veulent aussi savoir pourquoi on leur propose cette orientation. D'où l'importance de l'acte de convaincre.

Que l'acte de convaincre tienne une place primordiale dans toute société, cela ne fait aucun doute. Qu'est-ce qu'un corps social, si ce n'est un groupe d'individus partageant des idéaux, des buts, des idées? Toute institution sociale repose sur une entente plus ou moins explicite entre les individus qui la composent. Un gouvernement, une compagnie, une famille courent à leur perte lorsque leurs membres ne partagent plus certaines convictions premières. Le débat des convictions est donc essentiel au sein des différentes activités sociales. Nous sommes obligés d'y participer.

Il existe pourtant un préjugé répandu de nos jours, selon lequel chacun est la mesure de ses opinions. «Chacun a droit à ses idées», nous dit-on. «Il est inutile de discuter nos valeurs personnelles: ce que le voisin pense ne m'affecte en rien.» Ce préjugé tire sa force de l'attitude de tolérance qu'il encourage vis-à-vis des autres. Affronter le chaud partisan d'un parti politique ou d'une équipe sportive conduit souvent à une chicane qui gâche une belle soirée et ne profite à personne. Mieux vaut laisser dire et garder ses opinions. Bien sûr, toutes les situations ne sont pas propices au partage des convictions, mais généraliser cette attitude à cause de cas comme celui-ci risque de nous transformer en tyran de notre entourage. Nous connaissons tous de ces personnes que nous qualifions de «bornées», dont la principale caractéristique est d'être incapables de changer d'idées, voire même de discuter de leurs idées. L'évolution de notre pensée nécessite la confrontation de nos idées et de nos valeurs avec celles des autres. Nos actions répondent aux mêmes exigences: il est impossible de travailler avec d'autres personnes à une tâche commune si nous n'acceptons jamais de changer d'idées. Imaginez le vécu d'un enfant que des parents éduquent au moyen de valeurs contradictoires. Papa refuse ce que maman encourage et vice versa.

En résumé, convaincre les autres s'avère inévitable pour tout être humain parce que cette activité est constitutive de la vie sociale et qu'elle participe à l'évolution de la pensée des individus. Mais quel est le rapport entre l'art de convaincre et la philosophie? Pourquoi étudier l'art de convaincre au sein d'un cours de philosophie? Pourquoi étudier la philosophie? Dans un siècle où les sciences ont obtenu le succès que l'on connaît, n'est-ce pas là un anachronisme? Que viennent faire les philosophes à l'âge des fusées et des ordinateurs?

Dans les dernières décennies, la méthode scientifique a prouvé son incontestable supériorité dans le champ de la connaissance et de la maîtrise de la nature. La méthode scientifique permet mieux que toute autre de comprendre ce qui est et de prévoir ce qui sera; mais elle demeure stérile quand il s'agit de traiter les intentions humaines, c'est-à-dire ce qui devrait être. D'un point de vue scientifique, on peut étudier des actions comme le meurtre, le viol, l'inceste, etc. On peut en mesurer la fréquence et en découvrir les causes. Mais pourquoi s'y opposer? Ce sont là des faits comme les autres que notre société a déjà jugés légitimes dans un passé lointain. Si nous nous y opposons, de nos jours, c'est que ces actions vont dans le sens contraire de celui que nos sociétés donnent maintenant à l'existence humaine. On n'a plus la même idée de ce qui doit être. Ce changement d'attitude est le résultat d'interminables discussions que les êtres humains ont entretenues entre eux à travers les siècles. Les philosophes se consacrent plus particulièrement et de façon plus méthodique à la conservation et à la poursuite de ce dialogue, mais tous les êtres humains y participent inévitablement à des degrés divers. La philosophie naît donc d'une sorte de négociation des sens et des valeurs au sein d'une société. Elle critique et approfondit le discours quotidien en faisant ressortir et en discutant les sens et les valeurs sous-entendus dans les choix collectifs et individuels des membres d'une société.

La méthode qui est présentée dans ce manuel reproduit ce processus. Nous y apprendrons d'abord à reconnaître parmi les différentes formes du discours quotidien celle qui vise à convaincre: le discours argumentatif. On étudiera ensuite les éléments de cette forme de discours (les moyens de convaincre) et leurs relations à ce dont on veut convaincre (le raisonnement). Nous verrons alors comment évaluer les différents moyens de convaincre et comment analyser les relations qu'ils entretiennent entre eux au sein d'une même argumentation. Enfin, la dernière étape de l'étude de l'art de convaincre consiste à produire un discours argumentatif. Pour ce faire, vous devrez apprendre à extraire dans l'étude d'une question les sens et les valeurs qui s'y confrontent. Quand on sait comparer, critiquer et justifier ces sens et ces valeurs, on peut considérer qu'on a franchi le portique de la philosophie. Mais pour qui veut être une personne autonome et un citoyen responsable, cette tâche n'est jamais achevée.

On a présenté jusqu'ici la philosophie comme une fonction sociale; on peut aussi la concevoir, sur le plan individuel, comme une activité essentielle de l'existence humaine. Peut-être vaut-il la peine de méditer cette pensée d'un philosophe important de l'antiquité: «Une vie non réfléchie ne vaut pas la peine d'être vécue.» (Platon)

Remarque Tout au long de ce manuel, nous parlerons de celui ou celle qui produit un discours et de ceux ou celles à qui ce discours s'adresse. Pour alléger ce texte nous utiliserons souvent les termes «orateur» et «auditoire» pour référer à ces deux catégories de gens. Nous retiendrons ces deux termes aussi bien pour le discours écrit que pour le discours oral même si leur acception réfère au discours oral.

PREMIÈRE PARTIE

LES DIFFÉRENTS GENRES DE DISCOURS

Les usages du langage sont pratiquement innombrables, et l'on ne cherche pas toujours à se persuader les uns les autres. Il nous arrive de communiquer nos sentiments, nos émotions ou les sensations que nous éprouvons; nous parlerons alors de «discours expressif». On peut aussi chercher simplement à se transmettre nos différents savoirs; c'est le «discours informatif». Certains discours ont même un effet direct sur la réalité, ils sont presque une action en eux-mêmes. La sentence d'un juge, par exemple, transforme l'accusé en coupable ou en innocent selon le cas. Ces discours sont dits «performatifs». Finalement nous appellerons «argumentatif» le discours au moyen duquel on cherche à nous convaincre ou à nous persuader. Ces distinctions suffisent, pour l'instant, à notre propos. Nous ajouterons plus loin le discours démonstratif au moyen duquel la conviction est obtenue de manière presque infaillible, mais il faut bien maîtriser l'argumentation pour arriver à le reconnaître. Ces catégories de discours se rencontrent rarement à l'état pur. Par exemple, il y a souvent de l'informatif et de l'expressif au sein d'un discours dont l'orientation générale est argumentative. Le principal pour le moment, c'est d'apprendre à reconnaître les discours argumentatifs, car c'est à eux que s'applique la méthode que nous allons développer.

Tous les discours ont un sujet; ce qui caractérise le discours argumentatif, c'est qu'en plus de porter sur un sujet, il soutient une thèse. Nous appelons «sujet» ce dont parle un discours; «thèse», la position que nous soutenons par rapport à une question litigieuse. Par exemple, «l'avenir de l'humanité» est un sujet dont on peut s'entretenir mais ce n'est pas une thèse, cet énoncé ne soutient rien et n'est pas susceptible d'être contredit. Par contre, «le gouvernement canadien ne doit pas rétablir la peine de mort» est une thèse.

On y tient une position susceptible d'être défendue ou contredite.

Pour reconnaître un discours argumentatif, on n'a qu'à se poser la question: ce discours cherche-t-il à convaincre quelqu'un? Si la réponse à cette question est affirmative, nous nous considérerons, pour l'instant, en présence d'un discours argumentatif. Il faut alors en identifier la thèse en se posant la question: de quoi cherche-t-on à convaincre? Cette question nous permettra de reconnaître à quel genre de discours il appartient, car il existe trois genres de discours argumentatifs: le délibératif, le judiciaire et l'épidictique.

Le discours délibératif a pour but d'amener l'auditoire à faire un choix, ou à poser une action. On le rencontre aussi bien à l'Assemblée nationale que dans les assemblées syndicales ou les réunions ou conférences de tout acabit. C'est aussi le discours des membres d'une famille qui discutent d'une décision à prendre et celui de l'amoureux qui cherche à convaincre sa compagne qu'il serait bon de se marier. La principale valeur à laquelle on fait appel dans ce genre de discours est l'avantage ou le désavantage d'une mesure, d'une action, etc. En ce qui concerne le temps, bien qu'il puisse faire appel à des événements passés ou présents, ce genre de discours vise évidemment l'avenir.

Le discours judiciaire est bien connu. Il a pour but d'établir la culpabilité ou l'innocence d'une personne physique ou morale (compagnie) par rapport à certaines actions répréhensibles ou nuisibles. On l'utilise dans les tribunaux, mais il se rencontre aussi très souvent dans la vie quotidienne en réponse à des reproches. La valeur qu'on y invoque est la justice ou la moralité d'une action. Enfin, le temps qui le concerne est le passé, puisqu'on ne condamne ni innocente jamais quelqu'un pour un geste qu'il ou elle n'a pas encore posé.

Malgré son nom barbare, le discours épidictique est lui aussi très fréquent. L'origine grecque de ce nom signifie: «montrer au sujet de». Sa fonction est de renforcer des valeurs déjà partagées par un auditoire ou de provoquer chez lui un changement d'attitude. On l'appelle «louange» ou «blâme» selon qu'il procède d'une approche positive ou négative. C'est le discours privilégié de l'éducation (non pas de l'instruction) sous toutes ses formes. On y invoque principalement les valeurs du beau et du laid, appliquées à des actions, à des attitudes, à des vertus ou à d'autres valeurs. Le beau et le laid, dans ce genre de discours, ne sont généralement pas exprimés de façon explicite; louanger une action courageuse, par exemple, c'est implicitement souligner la beauté du courage. Le temps visé par le discours épidictique est le présent dans la mesure où l'on cherche à influencer actuellement l'attitude de l'auditoire.

Les différents discours argumentatifs se rapportent tous à une action: le délibératif sert à décider d'une action à entreprendre, le judiciaire juge une action passée. Sous ce rapport, le genre épidictique peut paraître moins important. À quoi peut bien servir l'oraison funèbre d'un citoyen illustre ou l'éloge d'un président sortant si ce n'est à flatter la vanité de certaines gens? On peut voir dans le genre épidictique un simple discours d'apparat. Ce n'est pourtant pas le cas. Son rôle consiste à créer une disposition à l'action. Par exemple, en campagne électorale beaucoup de discours sont du genre délibératif, leur conclusion nous incite à poser une action, à voter pour tel candidat ou tel parti politique. Mais on sait que le discours électoraliste ne se limite pas aux campagnes électorales; à longueur d'année, l'éloge ou le blâme des différentes décisions gouvernementales visent à influencer l'électorat en vue de la prochaine élection. Le discours épidictique participe aussi à la création et au renforcement des convictions, des accords collectifs qui serviront par la suite d'arguments au sein des discours délibératif et judiciaire.

Remarquons, en terminant, l'ambivalence du discours argumentatif. Si on argumente en faveur d'une thèse, c'est que la thèse adverse est, elle aussi, plausible. Lorsque le recours à l'évidence est possible, on n'argumente pas, on procède à une démonstration de notre thèse. Si cette démonstration est valide, on est assuré de l'adhésion de notre auditoire. Quand la démonstration est possible, elle est préférable à l'argumentation. Malheureusement son champ d'application s'avère très restreint. La géométrie et les mathématiques en général sont le lieu privilégié de la démonstration. Pour être démontrable une thèse doit être soit d'un haut niveau d'abstraction, soit «quantifiable» afin qu'on puisse y appliquer les mathématiques. Par exemple, je peux vous démontrer que si le niveau de vos revenus et celui de vos dépenses demeurent stables, vous ferez faillite dans trois ans; mais je ne peux pas vous démontrer que ces deux niveaux demeureront stables. On ne peut jamais prédire un événement concret avec certitude. Comment procéder, alors, pour prendre une décision et amener les autres à la partager? C'est ici que l'argumentation intervient.

EXERCICES: GENRES DE DISCOURS

Pour chacun des discours suivants, indiquez s'il s'agit d'un discours argumentatif ou non. Dans l'affirmative, énoncez ce dont il cherche à nous convaincre et le genre auquel il appartient (délibératif, judiciaire ou épidictique?).

1. Il fait froid dehors, tu devrais mettre un chandail.

2. «Pour comprendre le microscope il nous faut d'abord savoir ce qu'est l'optique. La première question qui se pose est: qu'est-ce que la lumière? Il y a longtemps, on en faisait une vibration de l'éther. À l'heure actuelle, on la considère comme une forme d'énergie.» (HEALEY, P. *Microscopes et Vie microscopique*)

3. «Toute personne désirant se soumettre à une intervention chirurgicale stérilisante doit en faire la demande par écrit sur une formule prévue à cette fin.» (Loi sur les services de santé et les services sociaux, règlement n° 3.2.3.3)

4. «L'homme n'est qu'un roseau, le plus faible de la nature; mais c'est un roseau pensant. Il ne faut pas que l'univers entier s'arme pour l'écraser: une vapeur, une goutte d'eau suffit pour le tuer. Mais, quand l'univers l'écraserait, l'homme serait encore plus noble que ce qui le tue, puisqu'il sait qu'il meurt, et l'avantage que l'univers a sur lui, l'univers n'en sait rien.
«Toute notre dignité consiste donc en la pensée.» (PASCAL. *Pensées*)

5. Papa, je ne mérite pas cette punition, c'est lui qui a commencé.

6. Célibataire de Montréal: 18 ans, 1,70 m, 58 kg, cheveux et yeux bruns. Bon emploi. Sérieuse, affectueuse, simple, honnête. Aime marche, musique, soirées intimes. Désire corr. et renc. j. homme libre, de 21 à 27 ans, sincère, honnête, partageant les mêmes goûts. But: l'avenir le dira.

7. J'aime beaucoup votre journal et ce que j'aime le plus, c'est le courrier de Mme Proulx. Son arrivée a fait du bien à votre journal. En un mot, c'est un bon journal et c'est mon journal préféré.

8. Madame, vous obtenez cette contravention parce que vous rouliez à 100 km à l'heure dans une zone de 50 km à l'heure.

9. «La politique étant une activité humaine, l'homme étant un être vivant, pourquoi un biologiste, qui par définition s'intéresse aux choses de la vie, n'aurait-il pas une vue particulière de la ''chose politique''?» (LABORIT, Henri. *L'Homme imaginant*)

10. Avec Ivory, vous pouvez laver deux fois plus de vaisselle qu'avec tout autre détergent pour la vaisselle: achetez Ivory.

DEUXIÈME PARTIE

LES MOYENS DE CONVAINCRE

CHAPITRE 1 LA CONVICTION ANTÉRIEURE

Dans la partie précédente, nous avons vu que le discours argumentatif soutient toujours une position par rapport à une question litigieuse. Cette position, nous l'avons appelée la «thèse». Nous appelons «arguments» les énoncés au moyen desquels la thèse est soutenue. Par exemple, quand quelqu'un dit: «Il fait froid dehors, tu devrais mettre un chandail», cette personne tient un discours argumentatif du genre délibératif. Cette argumentation comporte deux affirmations. La dernière («tu devrais mettre un chantail») énonce la thèse, la première («il fait froid dehors») appuie la thèse, elle énonce la raison pour laquelle la thèse est avancée: c'est l'argument. Nous appelons «moyens de convaincre» les énoncés susceptibles de servir d'arguments. Il existe quatre grands genres de moyens de convaincre: *a*) la conviction antérieure; *b*) l'analogie; *c*) l'exemple réel; *d*) l'exemple fictif.

Pour expliquer en quoi consiste la conviction antérieure, nous commencerons par un exemple. Un groupe d'étudiants désirant faire un repas collectif doit décider du restaurant où se tiendra ce repas. On leur suggère trois établissements. Nommons-les: Le Roi du Fastfood, La Gueule de Crésus et Le Château des Spaghetti. La délibération s'engage. Une étudiante élimine Le Roi du Fastfood en invoquant que les étudiants ne pourront pas s'y asseoir à une même table. Elle convainc tous ses confrères et consœurs. Pourquoi? C'est qu'il y a dans ce groupe une entente: quand on fait un repas collectif, c'est pour mieux se connaître, il faut donc être tous ensemble, sans quoi ce repas n'atteindra pas son but. Bien qu'elle n'ait jamais été exprimée par quiconque, cette conviction est partagée par tous les membres du groupe. L'étudiante qui s'opposait au choix du restaurant Le Roi du Fast-food a simplement rappelé que ce choix ne respectait pas une conviction du groupe. Elle a utilisé une conviction antérieure du groupe pour produire une nouvelle conviction. On pourrait de la même façon éliminer le restaurant La Gueule de Crésus en indiquant que le prix des repas y est trop élevé. La plupart des étudiants n'étant pas très fortunés, une autre conviction partagée par tous, c'est qu'on ne doit pas choisir un restaurant trop dispendieux. Les étudiants choisiraient alors Le Château des Spaghetti. C'est ce qui s'est produit dans l'événement réel dont s'inspire cet exemple.

Nous utilisons une conviction antérieure non seulement pour convaincre les autres mais aussi pour se convaincre soi-même. Lorsque nous sommes indécis face à une action à entreprendre, nous délibérons avec nous-mêmes. Cette activité consiste à examiner les conséquences possibles de notre action et à les juger selon différentes convictions que nous avons acquises antérieurement. En d'autres mots, nous utilisons des convictions que nous avons déjà pour établir une nouvelle conviction ou pour juger d'une action à entreprendre. La différence entre une démarche de conviction personnelle et une démarche qui s'adresse à d'autres personnes, c'est que nos propres convictions ne suffisent pas forcément à persuader les autres. Pour convaincre les autres, il nous faut utiliser des convictions partagées par notre auditoire. Toute argumentation s'appuie sur une entente, un accord préalable de l'auditoire. Cet accord porte sur un but poursuivi, sur des connaissances acquises ou sur des règles de conduite partagées. Le moyen de convaincre que nous appelons la conviction antérieure a pour fonction de rappeler cet accord et de le mettre en relation avec le cas en litige. Le rappel d'un accord peut s'effectuer de deux manières: on peut l'exprimer de façon explicite ou simplement fournir un indice permettant de le rappeler sans énoncer l'accord lui-même. Pour identifier ces deux manières de se référer à une conviction antérieure, nous les nommerons respectivement «maxime» et «indice».

Exemples

Contexte: Vous êtes le passager d'une automobile qui roule beaucoup trop vite, à chaque virage les pneus dérapent un peu. Pour persuader le conducteur de ralentir, vous pouvez utiliser l'un des arguments suivants.

(Maxime)   Quand les pneus d'une automobile dérapent dans les virages, c'est qu'on roule trop vite. Ne crois-tu pas qu'il vaudrait mieux ralentir?

(Indice)   Les pneus de ton automobile dérapent dans les virages, ne crois-tu pas qu'il vaudrait mieux ralentir?

Si ces deux exemples vous semblent identiques, c'est qu'ils constituent deux parties d'un même raisonnement. La formulation complète de cette argumentation qui comporte deux raisonnements serait la suivante:

1er
raison-
nement
— Quand les pneus d'une automobile dérapent dans les virages, c'est qu'on roule trop vite.

— Les pneus de ton automobile dérapent dans les virages.

— Donc tu roules trop vite.

2e
raison-
nement
— Quand on roule trop vite, on doit ralentir.

— Tu roules trop vite.

— Donc tu dois ralentir.

Il n'est évidemment pas question de s'exprimer de cette façon dans une conversation quotidienne, sinon on risquerait plus d'égarer notre interlocuteur que de le convaincre. L'essentiel de cette argumentation repose sur une conviction: le dérapage des pneus dans une courbe indique une vitesse excessive. Dans le premier exemple, l'orateur exprime explicitement cette opinion. Il juge probablement que le conducteur est conscient du dérapage mais qu'il en oublie la signification. Dans le deuxième exemple, l'orateur juge que le conducteur partage son opinion mais qu'il ne porte pas suffisamment attention au dérapage. Il lui rappelle ce dérapage comme indice d'une vitesse excessive.

Le choix d'exprimer explicitement une conviction ou d'y faire référence au moyen d'un indice dépend de ce que l'on considère comme étant le plus connu de notre auditoire. Certaines convictions sont tellement répandues que leur énoncé semble une platitude. Si on veut établir, par exemple, qu'une personne est malade en invoquant qu'elle fait de la fièvre (indice), il est superflu d'ajouter que toute personne qui fait de la fièvre est malade (maxime). Enfin, la maxime prend souvent la forme d'un proverbe. Par exemple:

On a finalement débloqué des fonds pour épurer les eaux usées de la ville de Montréal. Certains diront que cette décision aurait dû être prise il y a longtemps. Mais mieux vaut tard que jamais, bravo aux conseillers montréalais.

En résumé, la conviction antérieure est un moyen de convaincre qui consiste à rappeler un but poursuivi, une connaissance ou une règle de conduite qui sont déjà acceptés. Ce moyen de convaincre comporte toujours deux parties: une maxime et un indice. La maxime énonce la conviction à laquelle nous nous référons. L'indice énonce une constatation qui est significative par référence à la maxime. En d'autres mots, la maxime est la règle de l'indice: elle énonce ce que *l'indice indique*. Quant à l'indice, il relie la maxime au sujet dont on parle. Le fait ou l'événement que l'indice énonce devient, par l'entremise de la maxime, le signe de quelque chose: un autre événement, une action à entreprendre ou à éviter, etc. Supposons que le système de filtration d'une piscine soit défectueux et que l'eau y soit devenue verte. La plupart des adultes savent que cette couleur indique un haut niveau de pollution de l'eau et qu'on ne doit pas se baigner dans cette piscine. À un adulte qui vous demande s'il peut se baigner dans cette piscine, vous répondrez en lui fournissant un indice: «Non, l'eau y est trop verte.» Si un enfant de cinq ans vous pose la même question, vous lui répondrez au moyen de la maxime: «Quand l'eau d'une piscine est verte, il vaut mieux ne pas s'y baigner.» Si vous vous contentez de faire remarquer à l'enfant que l'eau de la piscine est verte, ce fait restera sans signification pour lui: il ne sait pas ce que ce fait indique.

Dans la vie de tous les jours, on utilise le plus souvent des indices pour se convaincre les uns les autres. On fournit occasionnellement une maxime quand on juge que notre interlocuteur manque d'informations. Enfin, dans certaines occasions où il importe de clarifier les fondements de notre argumentation, il arrive qu'on fournisse à la fois la maxime et l'indice.

EXERCICES : MAXIME ET INDICE

Pour chacune des convictions antérieures suivantes, indiquez si elle fait appel à une maxime, à un indice ou aux deux. Indiquez aussi à quel genre de discours elle appartient (délibératif, judiciaire ou épidictique).

1. L'eau de cette piscine est verte, il vaut mieux ne pas s'y baigner.

2. Quand l'eau d'une piscine est verte, il vaut mieux ne pas s'y baigner. Ne prends donc pas le risque de te baigner dans cette piscine.

3. Je te déconseille d'investir ton argent dans ces actions à haut risque: un tiens vaut mieux que deux tu l'auras.

4. Habituellement, quand le moteur d'une automobile consomme beaucoup d'huile, c'est qu'il n'en a plus pour longtemps. À ta place, je n'achèterais pas cette automobile parce qu'elle consomme trop d'huile.

5. Ne dépose pas ton verre de lait sur le bord de la table, tu risques de le renverser.

6. L'accusé n'était pas armé. Il n'est donc pas l'assassin puisque la victime a été tuée au moyen d'un revolver.

7. «C'est le propre d'un esprit cultivé que de pouvoir porter un jugement pertinent sur la forme bonne ou mauvaise d'un exposé, car c'est à cela précisément que nous reconnaissons l'homme cultivé...» (ARISTOTE. *Les Parties des animaux*)

8. «Dire la vérité est utile à celui. à qui on la dit, mais désavantageux à ceux qui la disent, parce qu'ils se font haïr.» (PASCAL. *Pensées*)

9. «Le rôle que joue la télévision, dans nos sociétés, est monstrueux: ''un enfant pour exister, n'a pas besoin d'entendre et d'écouter. Il doit parler et être entendu.''» (JACQUARD, Albert)

10. «Loin de donner des lois à la nature, l'homme ne fait que l'absorber ou s'en pénétrer. C'est elle qui demeure inébranlable: il ne peut, lui, que s'adapter à elle. Qu'il enregistre la vérité, tout inhumaine qu'elle est, et qu'il s'y soumette, voilà son rôle!» (JAMES, William. *Le Pragmatisme*)

CHAPITRE 2 L'ANALOGIE

Comme nous l'avons vu au chapitre précédent, le moyen par excellence de convaincre consiste à rattacher le sujet en litige à une conviction antérieure, soit en énonçant explicitement cette conviction au moyen d'une maxime, soit en s'y référant au moyen d'un indice. Mais que faire si nous ne connaissons pas d'opinion admise sur le sujet que nous traitons? On peut dans ce cas utiliser des convictions admises dans un autre champ de connaissances ou d'activités humaines et les transposer dans le domaine qui nous intéresse. Ce moyen de convaincre se nomme «l'analogie».

L'analogie est une comparaison qui exprime une ressemblance de rapports du genre A est à B ce que C est à D. Le rapport A à B est une maxime généralement acceptée. Dans une analogie, on suppose que cette maxime vaut aussi pour le rapport C à D:

> De même qu'un fruit sain se corrompt au contact de fruits pourris, de même un enfant peut prendre de mauvaises habitudes s'il est entouré de mauvais compagnons. Un parent soucieux de donner une bonne éducation à son enfant doit donc surveiller attentivement ses fréquentations.

Cette analogie utilise une conviction tirée du domaine des fruits. Chacun sait qu'un fruit sain (A) se corrompt plus rapidement au contact d'un fruit pourri (B). On transpose cette conviction dans le domaine de l'éducation: un enfant sain (C) risque de se corrompre s'il fréquente de mauvais compagnons (D).

Vous connaissiez sûrement cette analogie, et vous en connaissez beaucoup d'autres qu'on trouve exprimées dans des proverbes. Ces proverbes analogiques dont l'usage date parfois de plusieurs millénaires ont souvent la même précision qu'une maxime parce que leur signification est établie par tradition. Pourquoi en faire un moyen de convaincre différent de la maxime? Première raison: comme nous le verrons plus loin, on ne les évalue pas de la même manière qu'une maxime. Seconde raison: nous inventons, dans notre discours quotidien, beaucoup d'analogies auxquelles la tradition n'a pas encore donné leurs lettres de noblesse. L'analogie a sur la maxime l'avantage d'exprimer de façon concrète et simple des idées abstraites et complexes. Un Chinois à qui on demandait de résumer le vécu des Chinois en Chine communiste répondit: «Nous sommes comme des oiseaux en volière. Nous pouvons voler, mais il y a des limites. Ce n'est pas comme être un poulet ficelé, incapable de voler. Mais ce n'est pas non plus comme être en dehors de la volière...» (*L'Actualité*, déc. 82)

Les analogies proverbiales sont parfois confondues avec des maximes. Bien que plusieurs proverbes soient analogiques, ils ne le sont pas tous: certains d'entre eux sont des maximes. Les proverbes analogiques expriment une règle dont l'utilité appartient à un autre domaine que celui dans lequel elle est énoncée. «On ne fait pas d'omelette sans casser des œufs.» Si on prend ce proverbe pour une règle de l'art culinaire, il énonce une platitude. Appliqué à un autre domaine que celui de l'art culinaire, il exprime l'idée sensée selon laquelle il faut parfois détruire du vieux pour construire du neuf. Il s'agit d'un proverbe analogique. Pour distinguer les proverbes analogiques de ceux qui sont des maximes, il faut donc considérer leur champ d'application. Quand on les applique au domaine dont ils parlent, ce sont des maximes. Si leur usage renvoie à un autre champ de connaissances ou d'activités, ce sont des analogies. Par exemple, le proverbe «Toute vérité n'est pas bonne à dire» s'applique au domaine dont il parle; c'est donc une maxime.

EXERCICES: MAXIMES ET ANALOGIES

Les proverbes suivants sont-ils des maximes ou des analogies?

1. On ne fait pas d'omelette sans casser des œufs.

2. Toute vérité n'est pas bonne à dire.

3. Faute de pain, on mange de la galette.

4. Une hirondelle ne fait pas le printemps.

5. Tout vient à point à qui sait attendre.

6. Pierre qui roule n'amasse pas mousse.

7. L'habit ne fait pas le moine.

8. Mieux vaut tard que jamais.

9. On reconnaît l'arbre à ses fruits.

10. Dis-moi qui tu fréquentes, je te dirai qui tu es.

11. Charité bien ordonnée commence par soi-même.

12. Après la pluie le beau temps.

13. De deux maux il faut choisir le moindre.

14. Tout nouveau tout beau.

15. Qui ne dit mot consent.

16. Petit à petit, l'oiseau fait son nid.

17. A beau mentir qui vient de loin.

18. Le jeu n'en vaut pas la chandelle.

19. Il ne faut pas dire: «Fontaine je ne boirai pas de ton eau».

20. Il faut que jeunesse se passe.

21. Rira bien qui rira le dernier.

22. Qui se ressemble s'assemble.

23. Mettre la charrue devant les boeufs.

24. Les bons comptes font les bons amis.

CHAPITRE 3 L'EXEMPLE RÉEL

Les deux moyens de convaincre que nous avons vus jusqu'ici font appel à des convictions déjà acquises. Mais d'où nous viennent ces convictions? Peut-on convaincre et se convaincre sans faire appel à des convictions antérieures? En vue de répondre à ces questions, examinons de nouveau la façon dont nous pensons.

Lorsque nous voulons nous faire une idée sur un sujet ou prendre une décision, avons-nous dit, nous jugeons de cette question en la mettant en relation avec des convictions antérieures. Nous procédons de la même façon avec les autres. Convaincre quelqu'un consiste à provoquer chez lui le même processus que celui que nous produisons dans notre for intérieur pour nous convaincre nous-mêmes. Il en va de même pour la création de convictions. D'où nous viennent nos convictions? La majorité d'entre elles proviennent de notre entourage. Elles ne sont pas vraiment nôtres. Nous les avons acquises sans les juger. On parle alors de «préjugés». Ceux-ci ne tirent leur force que de l'habitude et des émotions qui s'y rattachent. Normalement, ils devraient diminuer en nombre à mesure que nous avançons en âge. Ce n'est malheureusement pas toujours le cas. Certaines personnes ne profitent pas de leur expérience pour faire le tri de leurs préjugés. Or celle-ci devrait être déterminante dans l'appropriation des convictions. En quoi consiste l'expérience?

Notre expérience est d'abord constituée de ce que nous avons vécu, de notre contact immédiat avec la réalité, mais elle ne se limite pas à cela. Si notre expérience ne débordait pas le champ de ce que nous avons perçu, la plupart d'entre nous ne croiraient pas à l'existence de la ville de Mexico et personne ne croirait à la réalité historique de Napoléon. Notre expérience s'enrichit aussi du témoignage de nos contemporains et de celui de nos ancêtres. La lecture de journaux ou de livres, le visionnement de reportages cinématographiques, la conversation avec nos contemporains, etc., élargissent notre expérience au-delà de ce qui nous est physiquement accessible dans la minuscule parcelle d'espace-temps qui nous est accordée. Bref, nous considérons comme réels un ensemble de faits et d'événements que d'autres ont perçus à notre place.

Les faits et événements de la réalité ne se répètent jamais de manière parfaitement identique, mais ils comportent parfois suffisamment de ressemblances pour que certains d'entre eux puissent servir de modèles et en représenter d'autres; on les appelle des «exemples». Toutes nos convictions reposent sur un ou plusieurs exemples issus de notre expérience personnelle ou de celle de la collectivité à laquelle nous appartenons. Pour juger de nos convictions, nous devons d'abord trouver quelques cas exemplaires auxquels elles sont susceptibles de s'appliquer. Le fait d'être incapable de fournir un exemple valable pour justifier notre conviction est le meilleur indice du préjugé. L'exemple sert non seulement à juger le contenu de nos convictions, il sert aussi à le produire. Le contenu de nos convictions provient souvent d'une ou de plusieurs expériences exemplaires. Supposons que vous ayez peint plusieurs fois l'extérieur de votre maison avec de la peinture à l'huile et que le résultat ait duré trois ans à chaque reprise. Sur les conseils d'un marchand, vous essayez une peinture à l'eau, ce qui a pour résultat que vous devez repeindre votre maison l'année suivante. Cette malheureuse expérience deviendra peut-être pour vous un cas exemplaire de la piètre qualité de certaines peintures à l'eau. Vous vous ferez alors l'opinion qu'il est préférable d'utiliser de la peinture à l'huile plutôt que de la peinture à l'eau, et le marchand qui cherchera à vous vendre cette dernière risquera de se faire rabrouer.

On procède de la même manière pour créer une conviction dans un auditoire. En fournissant des exemples tirés de notre expérience personnelle ou de celle de notre collectivité, on amène notre auditoire à reconnaître par lui-même le rapport que nous lui suggérons. Si un ami vous informe qu'il se propose de peindre sa maison avec de la peinture à l'eau, vous lui raconterez probablement votre expérience pour l'amener à partager votre opinion. D'où cette expérience tire-t-elle sa valeur d'exemple, sa force de conviction?

Pour répondre à cette question, il faut d'abord préciser les limites de cette opinion. On ne prétend pas que toutes les peintures à l'huile sont plus durables que n'importe quelle peinture à l'eau. Seule une analyse scientifique de l'ensemble des peintures sur le marché pourrait confirmer ou infirmer avec un peu de sérieux une pareille affirmation. Mais on ne peut évidemment pas se livrer à une longue enquête scientifique chaque fois qu'on achète un pinceau ou quelques litres de peinture. On doit donc se référer à notre expérience et aux conseils de nos amis. Les conclusions qu'on en tire n'ont pas la force de celles des analyses scientifiques. Elles reposent sur de vagues probabilités et concernent plus nos comportements que la réalité des choses. La conclusion de l'exemple que nous traitons se veut plus une incitation à la prudence qu'un jugement sérieux sur la durabilité des peintures. Elle repose implicitement sur la quantité de travail qu'exige la peinture d'une maison et sur le fait que plusieurs utilisations de la peinture à l'huile n'ont jamais donné de résultats décevants alors qu'un essai de la peinture à l'eau s'est révélé désastreux. Le risque est donc grand (quantité de travail) et les probabilités défavorables. Ces probabilités ne suffisent pas à établir la durabilité des peintures, mais elles sont susceptibles d'inciter à la prudence.

On se sert donc d'exemples réels pour induire des convictions. Ce n'est toutefois pas la seule fonction de l'exemple. On peut aussi se servir d'exemples pour soutenir directement une thèse sans passer par l'intermédiaire d'une conviction antérieure. Enfin, l'exemple sert aussi à contredire une conviction ou un autre exemple plus général. Nous répartirons les exemples réels selon trois classes correspondant à ces fonctions: l'exemple inductif, le cas similaire et le contre-exemple.

On verra dans l'étude du raisonnement ce qu'on entend par «inductif». Pour l'instant, il suffit, pour le reconnaître, de savoir que l'exemple inductif appuie ou produit une conviction générale. Il accompagne souvent des maximes ou des indices pour les confirmer:

> «Je n'ai jamais vu personne mourir pour l'argument ontologique. Galilée, qui tenait une vérité scientifique d'importance, l'abjura le plus aisément du monde dès qu'elle mit sa vie en péril.» (CAMUS, Albert. *Le Mythe de Sisyphe*)

Pour appuyer sa conviction selon laquelle les êtres humains ne sont pas prêts à mourir pour des vérités scientifiques, Camus nous fournit un cas modèle, celui de Galilée. Ce cas nous aide à comprendre la thèse de Camus, il l'illustre en même temps qu'il l'appuie. L'illustration est aussi une fonction des exemples inductifs. Il est très difficile de distinguer la fonction illustrative de la fonction argumentative des exemples inductifs. Veut-on nous aider à comprendre ou nous convaincre? Dans un discours argumentatif, il est bien rare qu'une illustration ne participe pas à l'argumentation. On peut persuader quelqu'un qui ne comprend pas, mais non le convaincre.

Le cas similaire est un exemple qui conclut d'un ou de plusieurs cas singuliers à un autre cas singulier:

> Lors de sa dernière campagne électorale, le premier ministre du Canada a fait plusieurs promesses électorales; après son élection, il a trouvé des excuses pour ne pas tenir ses promesses. Le premier ministre du Québec s'est comporté de la même façon au provincial. Faut-il se fier aux promesses électorales des candidats à la mairie de Montréal?

Ce qui rend un fait ou un événement susceptible de servir d'exemple, c'est la possibilité de l'utiliser comme modèle. Le modèle est un objet dont on peut reproduire certaines caractéristiques, il est sujet à l'imitation. Dans cet exemple, on présente les comportements des premiers ministres du Canada et du Québec comme étant susceptibles de se reproduire chez les candidats à la mairie de Montréal, et par là on suscite la méfiance à l'égard de leurs promesses électorales. C'est la possibilité de reproduction de ces deux comportements modèles qui justifie la conclusion et non une généralisation du type: «Toutes les promesses électorales sont mensongères.» La force du cas similaire repose donc sur la possibilité d'une reproduction réelle de certaines de ses caractéristiques. Le ou les exemples et le cas qui est en question appartiennent à une même catégorie de faits ou d'événements et on suppose que ce qui s'est produit dans le ou les exemples risque de se produire de nouveau.

Le contre-exemple affaiblit ou contredit une conviction: «Tu soutiens qu'aucun athlète ne fume? Guy Lafleur est un athlète célèbre au Québec pour ses performances au hockey; pourtant, il a fumé pendant toute sa carrière...» Ici, on fournit un cas qui rend fausse l'expression «aucun athlète». Ce contre-exemple affaiblit cet énoncé. Il faudra dorénavant dire: «La plupart des athlètes...» Un plus grand nombre d'exemples pourrait nous amener à nier la pertinence même du rapport entre le fait d'être un athlète et celui de fumer.

Vous êtes maintenant en mesure de reconnaître ce troisième moyen de convaincre que sont les exemples réels. Vous rencontrerez au départ un problème: il est facile de confondre les exemples réels et les indices. Les indices sont souvent des faits ou des événements, et les exemples réels aussi. Pour les distinguer, rappelez-vous ceci: l'indice est un signe. Il indique autre chose que lui-même: un comportement, une idée, un événement, etc., que l'on trouve dans la thèse. L'exemple réel est un cas du même genre que celui ou ceux qui sont énoncés dans la thèse. Observez bien les deux premiers exercices qui suivent. Dans le premier, on utilise des critères qui indiquent un bon pianiste; c'est donc un indice. Dans le deuxième, on fournit des cas où l'on a apprécié l'interprétation d'André Gagnon; ce sont des exemples.

EXERCICES: INDICES ET EXEMPLES RÉELS

À quels genres appartiennent les argumentations suivantes? Font-elles appel à des indices ou à des exemples réels?

1. André Gagnon est un bon pianiste parce qu'il a beaucoup de technique et qu'il sait mettre beaucoup d'expression dans son interprétation.

2. André Gagnon est un bon pianiste, son spectacle à la Place des Arts et celui à la salle Maurice O'Bready étaient magnifiques.

3. Il est huit heures, pars tout de suite si tu ne veux pas être en retard à l'école.

4. Va-t'en tout de suite à l'école si tu ne veux pas être en retard; hier tu es parti à huit heures et tu es arrivé en retard.

5. Je suis certain que si ton bébé pleure, c'est qu'il a faim ou qu'il est mouillé. Mes trois enfants agissaient ainsi.

6. Le bébé pleure, il doit avoir faim ou être mouillé.

7. Pierre t'aime sûrement, il te téléphone tous les jours.

8. Pierre t'aime sûrement s'il te téléphone tous les jours, André agissait ainsi avant notre mariage.

9. Le prix de l'or va augmenter parce que la valeur du dollar américain est en baisse par rapport aux autres monnaies (1); c'est ce qui s'est produit dans les années 70 (2).

10. Le professeur de philosophie est sûrement généreux dans sa correction car il porte la barbe (1). Depuis le début de mes études, j'ai eu trois professeurs barbus, ils étaient tous les trois généreux dans leur correction (2).

11. Même si ton mari prend parfois un verre de trop, ce n'est pas une raison pour divorcer: ton père va à la taverne cinq soirs par semaine et nous vivons toujours ensemble.

12. La sincérité de Socrate est indubitable, il a sacrifié sa vie à son idéal.

13. Tu ne crois pas que la cigarette fait travailler ton cœur inutilement? Prends ton pouls le matin avant d'avoir fumé et après avoir fumé. Tu m'en donneras des nouvelles...

14. Nous devrions abolir les frais de scolarité dans les universités. La France n'est pas un pays plus prospère que le Canada, pourtant l'accès à l'université y est gratuit.

EXERCICES: LES EXEMPLES RÉELS

Les exemples réels suivants sont-ils des exemples inductifs, des cas similaires ou des contre-exemples?

1. Tu ne devrais pas boire autant, tu sais où l'alcool a mené ton oncle Henri.

2. La tragédie de Saint-Basile-le-Grand aura prouvé au moins une chose: le Québec n'est pas à l'abri des désastres écologiques.

3. On dit que l'essence coûte moins cher en Ontario qu'au Québec. Je suis allé à Toronto la semaine dernière. Le prix de l'essence y était le même qu'à Montréal.

4. «Prenons (...) le cas d'un homme qui, sur un point déterminé, au terme d'un effort patient, d'une recherche obstinée, est parvenu à une conviction: Scheurer-Kestner ou Zola arrivant à se convaincre de l'innocence de Dreyfus. La conviction correspond ici à un terme, à un aboutissement, à une barre tirée. (...) En principe, la conviction se rapporte donc au passé.» (MARCEL, Gabriel. *Essai de philosophie concrète*)

5. Tu ne devrais pas t'absenter des cours à ton école. Regarde ton père: en dix ans, il n'a pas manqué une seule journée de travail.

6. Le modèle du Marché commun, qui a contribué à l'enrichissement de tous les pays d'Europe qui y participent, devrait convaincre les Canadiens des avantages du libre-échange entre le Canada et les États-Unis.

7. Tu es sûrement capable de m'aider à laver la vaisselle: ton frère qui est plus jeune que toi m'aide souvent à la laver.

8. Les messages publicitaires attirent l'attention des enfants alors même qu'ils sont encore tout jeunes. Mon bébé d'un an ne s'intéresse à la télévision que pendant les annonces.

9. On prétend que les étudiants des cégeps ne se consacrent pas suffisamment à leurs études. Mon frère étudie au cégep. Il travaille dans ses livres jusqu'à 23 heures presque tous les jours de la semaine. À ce qu'il dit, ses confrères et consœurs font de même.

10. (...) «nous reconnaissons la sensation d'intensité extrême aux mouvements irrésistibles de réaction automatique qu'elle provoque de notre part, ou à l'impuissance dont elle nous frappe. Un coup de canon tiré à nos oreilles, une lumière éblouissante s'allumant tout à coup, nous enlèvent pendant un instant la conscience de notre personnalité (...)» (BERGSON, Henri. *Essai sur les données immédiates de la conscience*)

CHAPITRE 4 L'EXEMPLE FICTIF

Nous avons vu, dans l'étude des exemples réels, que notre expérience ne se limite pas à ce que nous avons vécu personnellement: le témoignage de nos contemporains et celui de nos ancêtres y tiennent une grande place. Notre expérience est ainsi élargie bien au-delà de la minuscule parcelle d'espace-temps que nous occupons pendant notre existence. La réalité est aussi une limite à notre expérience, le temps est à sens unique, il est irrécupérable. Le passé ne peut être modifié et l'avenir nous est inconnu. Les événements sont soumis à un déterminisme souvent incontrôlable. L'imagination nous permet de dépasser, en pensée, ces limites du réel. Nous pouvons, grâce à la littérature, à la télévision, au cinéma, vivre des mondes imaginaires. Tout cela fait partie de notre expérience et nous l'utilisons comme moyens de convaincre. Nous appelons «exemples fictifs» les moyens de convaincre qui proviennent de l'imagination humaine. Nous pouvons les répartir en trois classes: les hypothèses irréelles, les prédictions et les récits fictifs.

Au moyen des hypothèses irréelles, nous modifions en imagination le passé ou les lois de la nature: «La bombe atomique est une garantie de paix. Si la bombe atomique n'avait pas été inventée, la Troisième Guerre mondiale aurait déjà eu lieu.» On cherche, dans cet exemple, à valoriser l'armement atomique comme moyen de maintenir la paix. Comme on ne peut pas «désinventer» la bombe atomique, cette hypothèse ne sera jamais vérifiée dans la réalité; d'où le nom de ce genre d'exemples fictifs.

La prédiction, comme son nom l'indique, consiste à prédire un événement futur en vue d'encourager ou de décourager une action: «Il faut que les gouvernements des pays de notre planète protègent mieux leurs forêts. S'ils ne le font pas, la terre entière vivra d'ici peu les problèmes que vit l'Afrique présentement.» Il ne faut pas confondre la prédiction et la science-fiction. Le film *La Guerre des étoiles* n'est pas une prédiction mais un récit fictif, bien que les événements qu'il décrit se passent apparemment dans le futur.

Le récit fictif est simplement une histoire imaginaire. Les fables de La Fontaine, les paraboles de l'Évangile, les romans, les téléromans, les films, etc., sont des récits fictifs. Bien que le mot «récit» renvoie à une narration, nous considérons les cas fictifs comme des récits fictifs.

Attention! On ne doit pas classer les exemples réels manifestement faux parmi les récits fictifs. Lucrèce, dans son livre intitulé *De la nature*, soutient ceci:

> «Il y a tant de variétés et de différences dans les régimes que celui qui convient aux uns est pour les autres violent poison. Le serpent, par exemple, au contact de la salive humaine, meurt en se déchirant de ses propres morsures. L'ellébore, poison pour l'homme, engraisse chèvres et cailles.»

Le premier de ces deux exemples est manifestement faux. Le deuxième n'est qu'une demi-vérité: consommée en grande quantité, cette plante est toxique pour les humains, mais, en petite quantité, on l'utilise comme purgatif ou comme vermifuge. Ces deux exemples émanent donc plus de l'imagination de Lucrèce que de son sens de l'observation. On pourrait être tenté de les classer parmi les récits fictifs, mais Lucrèce les présente comme des cas réels. Ce sont donc des exemples réels faux et non des récits fictifs.

EXERCICES: EXEMPLES FICTIFS

Les exemples fictifs suivants sont-ils des hypothèses irréelles, des prédictions ou des récits fictifs?

1. Le problème de dénatalité que vivent présentement les pays occidentaux est dû à l'invention de la pilule anticonceptionnelle. Si cette pilule n'avait pas été inventée, la population des pays occidentaux serait probablement le double de ce qu'elle est.

2. «Si un phonographe vous couvrait soudainement d'injures, cela vous ferait rire. Si un homme de mauvaise humeur, mais à peu près sans voix, faisait marcher un phonographe à injures pour contenter sa colère, personne ne croirait que telle injure blessante par hasard, lui était destinée. Mais quand c'est la face humaine qui lance l'injure, chacun veut croire que tout ce qu'elle dit était prémédité, ou tout au moins est pensé dans l'instant même. Ce qui trompe, c'est l'éloquence des passions et l'espèce de sens qu'offrent presque toujours des paroles produites sans pensée par une bouche humaine.» (ALAIN. *Propos sur le bonheur*)

3. «Un promeneur est atteint par une automobile, lancé à vingt mètres et tué net. Le drame est fini; il n'a point commencé; il n'a point duré; c'est par réflexion que naît la durée.» (ALAIN. *Propos sur le bonheur*)

4. «Les dieux avaient condamné Sisyphe à rouler sans cesse un rocher jusqu'au sommet d'une montagne d'où la pierre retombait par son propre poids. Ils avaient pensé avec quelque raison qu'il n'est pas de punition plus terrible que le travail inutile et sans espoir.
(...)
«On a compris déjà que Sisyphe est le héros absurde. Il l'est autant par ses passions que par son tourment. Son mépris des dieux, sa haine de la mort et sa passion pour la vie, lui ont valu ce supplice indicible où tout l'être s'emploie à ne rien achever. C'est le prix qu'il faut payer pour les passions de cette terre.» (CAMUS, Albert. *Le Mythe de Sisyphe*)

5. «En toutes choses, il faut faire ce qui dépend de soi, et du reste être ferme et tranquille. Je suis obligé de m'embarquer; que dois-je donc faire? Bien choisir le vaisseau, le pilote, les matelots, la saison, le jour, le vent, voilà tout ce qui dépend de moi. Dès que je suis en pleine mer, il survient une grosse tempête; ce n'est plus là mon affaire, c'est l'affaire du pilote. Le vaisseau coule à fond; que dois-je faire? Je fais ce qui dépend de moi, je ne criaille point, je ne me tourmente point. Je sais que tout ce qui est né doit mourir, c'est la loi générale; il faut donc que je meure. Je ne suis pas l'éternité; je suis un homme, une partie du tout, comme une heure est une partie du jour. Une heure vient et elle passe; je viens et je passe aussi: la manière de passer est indifférente; que ce soit par la fièvre ou par l'eau, tout est égal.» (ÉPICTÈTE. *Entretiens*)

6. «Nous savons parfaitement ce qui nous intéresse dans l'histoire des guerres médiques ou dans celle du rude empire d'Alexandre: c'est de voir les Grecs libérés de la barbarie. (...) Imaginons qu'Alexandre ait échoué dans son entreprise: nous n'y perdrions rien s'il ne s'agissait que de passions humaines. (...) L'intérêt que nous portons à cette histoire est matériel, objectif.» (HEGEL. *La Raison dans l'histoire*)

7. «Voilà donc la femme libre d'enfanter quand elle le voudra, (grâce à la pilule) (...) Ce stade ne peut être définitif. (...) Nous risquerions en quelques années de retomber dans une nouvelle stratification sociale, uniquement en milieu féminin. Certaines femmes en effet se spécialiseraient. (...) Ainsi, certaines femmes céphaliques ignoreraient délibérément les joies et les souffrances de la maternité, alors que d'autres au contraire se spécialiseraient dans la procréation. Qui sait si un régime autoritaire ne serait pas obligé un jour de décréter le service maternel obligatoire, comme nous avons le service militaire obligatoire. (...)

«Non, il est plus simple de penser que l'homme de demain se reproduira ex-utero et que les parents iront chaque jour à la clinique de reproduction voir grandir en bocal le fœtus auquel leurs gamètes auront donné naissance. J'en vois sourire, et pourtant...» (LABORIT, Henri. *Biologie et structure*)

EXERCICES: RECONNAISSANCE DES MOYENS DE CONVAINCRE

Les moyens de convaincre suivants sont-ils des convictions antérieures, des analogies, des exemples réels ou des exemples fictifs?

1. La météo annonce de la pluie: apporte ton parapluie.

2. Ralentis un peu: mieux vaut arriver en retard que d'arriver en corbillard.

3. «La plante mise en liberté garde l'inclinaison qu'on l'a forcée à prendre; mais la sève n'a point changé pour cela sa direction primitive; et, si la plante continue à

végéter, son prolongement redevient vertical. Il en est de même des inclinations des hommes. Tant qu'on reste dans le même état, on peut garder celles qui résultent de l'habitude, et qui nous sont le moins naturelles; mais, sitôt que la situation change, l'habitude cesse et le naturel revient. L'éducation n'est certainement qu'une habitude.» (ROUSSEAU, Jean-Jacques. *Émile ou De l'éducation*)

4. «L'Occident professe une philosophie tournée vers le futur, mais son attitude effective est en contradiction avec cet idéal (1). Sa vue ne porte guère au-delà du lendemain puisqu'il exploite les ressources terrestres et l'énergie de la radioactivité avec une connaissance très fragmentaire du réseau de relations ainsi déséquilibré (2).» (WATTS, Alan. *Amour et connaissance*)

5. Le manque d'emplois au Québec provient de ce que les consommateurs québécois ne sont pas assez nationalistes: si tous les Québécois achetaient de préférence des produits manufacturés au Québec, il n'y aurait plus de chômage.

6. Toute femme devrait être libre de se faire stériliser sans le consentement de son mari parce que dans la plupart des cas c'est à la femme que revient la charge d'élever les enfants.

7. Les Canadiens gagneront sûrement la coupe Stanley cette année: si on les compare aux autres équipes, aucune d'entre elles n'a leur puissance offensive.

8. «Notre faculté d'adaptation est trop forte: on s'adapte même à ce qui nous nuit (1); on est malléable au stress par exemple (2).» (GOULET, P.-A. Cégep Inter, 86-09-22)

9. «En quelques instants nous détruisons, pour des satisfactions souvent futiles, des richesses lentement créées par la nature: pour informer le ''public'' de la défaillance de tel champion ou du divorce de telle vedette, nous détruisons des hectares de forêt transformés en papier journal, dont une infime partie fera l'objet d'un regard et qui sera, quelques instants plus tard, devenu poussière et gaz carbonique.» (JACQUARD, Albert. *Au péril de la science?*)

10. «Le SIDA est somme toute une maladie très peu contagieuse puisque, pour l'attraper, il faut des conditions bien particulières (1). Ça prend un échange au niveau

du sang ou du sperme et il faut en plus que le sang ou le sperme porteur du SIDA entre directement dans le courant sanguin de l'autre individu (2).» (IGLÉSIAS, Dr Roberto. *La Tribune*, 86-09-20)

TROISIÈME PARTIE

LE RAISONNEMENT

CHAPITRE 5 LES GENRES DE RAISONNEMENT

Vous êtes maintenant bien équipés pour reconnaître les différents moyens de convaincre. En gros, pour convaincre, on fait appel à des convictions antérieures, des analogies, des exemples réels ou des exemples fictifs. Jusqu'ici nous avons appris à reconnaître ces moyens de convaincre par leur contenu ou leur signification: la maxime et l'analogie sont des règles, l'indice est un signe et les exemples sont des cas du même genre que la thèse. Pour approfondir notre connaissance des moyens de convaincre, il nous faut maintenant en étudier le fonctionnement, c'est-à-dire la relation entre le moyen de convaincre et ce qu'il soutient. Cette relation s'appelle le «raisonnement».

Raisonner, c'est établir la crédibilité d'un énoncé au moyen d'autres énoncés dont la crédibilité est déjà acquise. C'est à partir de faits que nous croyons véridiques, ou de préceptes que nous croyons efficaces ou justes, que nous construisons nos nouvelles croyances. Le raisonnement est donc la relation entre un moyen de convaincre et ce dont nous voulons convaincre. Un raisonnement comporte toujours deux parties: les prémisses et la conclusion. Les prémisses sont la partie qui prouve ce que l'on dit, ce sont les énoncés dont la crédibilité est déjà acquise. La conclusion est la partie qui énonce ce dont on veut convaincre. Par exemple, si quelqu'un dit: «On devrait légaliser la marijuana parce qu'elle n'est pas plus dommageable que l'alcool», «on devrait légaliser la marijuana» est la conclusion et «elle n'est pas plus dommageable que l'alcool» est une prémisse. On annonce souvent les prémisses au moyen des conjonctions «car», «parce que», «puisque», «en effet», etc. Des conjonctions comme «donc», «par conséquent», etc., servent à annoncer la conclusion. Nous verrons plus loin que les raisonnements s'enchaînent et que c'est au moyen de cet enchaînement qu'une argumentation progresse. Ce qu'il importe de retenir pour l'instant, c'est que la thèse est une conclusion. Lorsqu'il y a un enchaînement de raisonnements, la thèse est la dernière conclusion dans l'ordre logique. Lorsqu'une argumentation se résume à un seul raisonnement, la thèse est la conclusion de ce raisonnement. Il est très important de savoir reconnaître une thèse car c'est à partir d'elle qu'on trouve les arguments. Un argument est un moyen de convaincre qui est la (ou une des) prémisse(s) d'une thèse. Dans ce chapitre et les exercices qui s'y trouvent à la fin, nous nous limiterons à l'étude d'argumentations s'insérant au sein d'un seul raisonnement. Argument et prémisse, thèse et conclusion seront donc équivalents.

Nous avons vu que la conviction antérieure consiste à utiliser une règle générale qu'on applique à un cas particulier. Ce genre de raisonnement se nomme une «déduction». Par opposition, l'exemple inductif construit une règle générale à partir de cas particuliers. Ce genre de raisonnement se nomme une «induction». Enfin, nous appellerons «raisonnement par analogie» le passage du général au général; et «raisonnement par homologie» le passage du particulier au particulier. Ce qui nous donne le tableau suivant:

PRÉMISSE	CONCLU-SION	GENRE DE RAISON-NEMENT	MOYEN DE CONVAINCRE
Général	Particulier	Déduction	Conv. ant.
Général	Général	Rais. analogie	Analogie
Particulier	Général	Induction	Ex. ind.
Particulier	Particulier	Rais. homo-logie	Cas sim. Con. ex.

Remarques

1. Les exemples fictifs reposent sur les mêmes genres de raisonnement que les exemples réels.

2. La déduction se prête à des règles beaucoup plus rigoureuses que les autres genres de raisonnement qui lais-

sent plus de place à l'invention; son étude sera donc beaucoup plus longue.

LA DÉDUCTION

Les déductions que nous trouvons dans le discours quotidien sont des syllogismes. On appelle «syllogismes» les raisonnements déductifs comportant trois énoncés (deux prémisses et une conclusion) et dont la conclusion est tirée de la conjonction des prémisses. Le syllogisme est le raisonnement des convictions antérieures. En effet, l'une des prémisses (la majeure) de ce genre de raisonnement énonce généralement une règle ou une loi, et l'autre (la mineure) énonce une constatation. La prémisse majeure et la prémisse mineure correspondent respectivement, sur le plan de la logique, à ce que nous avons appelé jusqu'ici «maxime» et «indice». Par convention, un syllogisme bien formé énonce dans l'ordre d'abord la majeure, ensuite la mineure et la conclusion en dernier.

Exemple

PRÉMISSES	*Majeure*	Tous les mammifères ont des poumons.
	Mineure	Les baleines sont des mammifères
CONCLUSION		Les baleines ont des poumons.

   Dans l'exemple qui précède, la majeure est une règle, une maxime qui exprime que le fait d'avoir des poumons est une propriété de tous les mammifères. La mineure rappelle que les baleines sont des mammifères. Quand la forme d'un syllogisme est valide et que les prémisses sont crédibles, la conclusion est, elle aussi, crédible. C'est cette caractéristique du syllogisme qui le rend apte à produire en nous de nouvelles convictions. Dans la vie de tous les jours nous faisons continuellement des syllogismes, mais nous ne les énonçons pas en entier. Par exemple, pour exprimer le syllogisme qui précède, nous aurions plutôt dit: «Les baleines ont des poumons parce qu'elles sont des mammifères.» Ce que nous allons maintenant étudier, c'est la façon de compléter et de mettre en forme les syllogismes du discours quotidien. Nous distinguerons deux grandes sortes de syllogismes: les syllogismes catégoriques et les syllogismes composés.

CHAPITRE **6** LES ÉNONCÉS ATTRIBUTIFS

LA VALEUR DES TERMES

Les syllogismes catégoriques sont composés de trois énoncés attributifs. Lorsqu'ils sont affirmatifs (positifs), ces énoncés attribuent des propriétés ou des actions à un sujet; lorsqu'ils sont négatifs, ils indiquent que certaines propriétés ou actions ne s'appliquent pas à un sujet. On appelle «prédicat» la partie de l'énoncé qui exprime les propriétés ou les actions qu'on attribue au sujet. Les sujets et les prédicats de ces énoncés constituent ce qu'on nomme les «termes» d'un énoncé attributif. Les termes sont composés d'un ou de plusieurs mots exprimant une même idée.

Exemples

Énoncé	Pierre est malade.
Sujet	Pierre
Prédicat	malade
Énoncé	Les singes rhésus de l'Inde qui ont une longue queue aiment les bananes bien mûres.
Sujet	Les singes rhésus de l'Inde qui ont une longue queue
Prédicat	aiment les bananes bien mûres

Une autre caractéristique des énoncés attributifs, c'est que leur sujet est toujours précédé d'un quantificateur, sauf si le sujet est un individu. On appelle «quantificateur» un mot ou une expression qui indique la quantité d'objets dont on parle.

Un énoncé est universel quand son quantificateur signifie «tout» ou «aucun». Un énoncé dont le quantificateur signifie «quelques» sera dit particulier. Quand le sujet est pris universellement, le prédicat que nous lui attribuons peut être appliqué à toutes les espèces ou à tous les individus que ce terme désigne. Pour désigner cette caractéristique de l'universel, nous disons qu'il est «distributif». Le particulier est aussi distributif mais on ne sait pas à quels individus ou espèces s'applique le prédicat qu'on lui attribue.

Tous les mammifères ont des poumons.
Le lycaon est un mammifère.
Le lycaon a-t-il des poumons? (oui)

Plusieurs vertébrés sont des mammifères.
La viscache est un vertébré.
La viscache est-elle un mammifère? (?)

Si nous combinons la quantité des énoncés attributifs avec leur qualité d'être affirmatifs ou négatifs, nous nous rendons compte qu'il existe quatre grandes sortes d'énoncés attributifs:

Universel affirmatif: Tous les mammifères sont des vertébrés.
Particulier affirmatif: Quelques roses sont noires.
Universel négatif: Aucun chien n'est un chat.
Particulier négatif: Quelques mammifères ne sont pas vivipares.

Pour juger de la validité d'un syllogisme catégorique, nous aurons besoin de connaître non seulement la valeur du sujet des énoncés qui le composent mais aussi celle du prédicat. Les règles pour découvrir la valeur d'un terme varient selon que le terme est sujet ou prédicat de l'énoncé.

Quand le terme est sujet

Exception faite des noms propres, les sujets sont toujours précédés d'un mot ou d'une expression qui en indique la valeur.

Universel: Tous les mots ou expressions qui signifient «tout» ou «aucun» indiquent des termes pris universellement. Ex.: chaque, seuls les, le, il n'y a pas, etc.

Les noms propres et les noms communs précédés d'un adjectif démonstratif sont aussi universels.

Particulier: Tous les mots ou expressions signifiant «quelques» sont particuliers. Ex.: plusieurs, beaucoup, certains, presque tous, etc.

Les termes des syllogismes catégoriques ne peuvent prendre que deux valeurs, mais la langue française ne se laisse pas imposer cette contrainte. Il existe des quantificateurs indéfinis dont on ne peut déterminer la valeur que par le contexte. L'article «les», par exemple, peut exprimer aussi bien l'universel que le particulier.

Les chats sont des félins. (chats = universel)
Les Russes aiment la vodka. (Russes = particuliers)

L'article «les» peut même être utilisé quand le prédicat s'applique à une classe d'objets et non aux individus ou aux espèces qui la composent. On parle alors de terme collectif. Les termes collectifs ne sont pas distributifs. Quand on dit: «Les Chinois sont nombreux», ce n'est évidemment pas chaque Chinois qui est nombreux.

Quand le terme est prédicat En raisonnant sur la signification d'un énoncé, on peut découvrir la valeur de son prédicat. Impossible, par exemple, d'inverser un énoncé universel affirmatif sans changer la valeur des termes:

Tous les chiens sont des mammifères.
Certains mammifères sont l'ensemble des chiens.

Mais on peut inverser un énoncé universel négatif sans changer la valeur des termes:

Aucun chien n'est un chat.
Aucun chat n'est un chien.

Il n'est pas nécessaire de reproduire cette opération chaque fois qu'on a besoin de connaître la valeur d'un prédicat. Une règle facile à retenir peut nous aider.

Quand un énoncé est affirmatif, son prédicat est particulier.
Quand un énoncé est négatif, son prédicat est universel.

Cette règle ne s'applique évidemment que lorsque le prédicat n'est pas précédé d'un quantificateur. Mais il est rare que le prédicat soit précédé d'un quantificateur car cette formule n'est pas très élégante.

Exceptions: Les règles précédentes comportent deux exceptions importantes.

Première exception Les quantificateurs «tout» et «chaque», lorsqu'ils apparaissent dans un énoncé négatif, donnent un sujet particulier. Si je dis: «Tous les enseignants ne sont pas des imbéciles», cela ne signifie pas qu'aucun enseignant n'est un imbécile mais plutôt que certains enseignants ne sont pas des imbéciles.

Deuxième exception Les quantificateurs «seul» et «il n'y a que» rendent le prédicat universel même si l'énoncé est affirmatif.

EXERCICES : VALEUR DES TERMES

Indiquez la valeur (universel, particulier, collectif, indéfini) de chacun des termes des énoncés suivants.

1. Tous les marteaux sont des outils.

2. Quelques villes ne sont pas grandes.

3. La plupart des Québécois sont francophones.

4. Presque tous les mammifères sont vivipares.

5. Aucun meurtre n'est justifié.

6. Chaque citoyen digne de ce nom se doit de voter.

7. Le lion n'est pas un animal domestique.

8. Il n'y a plus de vendeurs honnêtes.

9. Tous les Américains ne sont pas riches.

10. Les Italiens ont inventé la pizza.

11. L'armée canadienne est petite.

12. Les Chinois sont nombreux.

13. Toute vérité n'est pas bonne à dire.

14. Plusieurs crimes ne sont jamais élucidés.

15. Robert Bourassa est le premier ministre du Québec.

16. Les Anglais aiment les chiens.

17. Il est devenu impossible de trouver un logement peu dispendieux.

18. Seuls les membres sont admis.

19. L'Église catholique est conservatrice.

20. Un Allemand n'aime pas être vu dans l'intimité de sa demeure.

LA DÉFINITION

Pour juger de la validité d'un syllogisme catégorique, il ne suffit pas de connaître la valeur des termes des énoncés qui le composent, il faut aussi tenir compte de la définition de ces termes. Définir, c'est expliciter la signification d'un terme. La signification des termes que nous utilisons est la plupart du temps implicite, c'est-à-dire qu'elle est sous-entendue. Expliciter un terme, c'est dire clairement ce sous-entendu, c'est préciser ce qu'on entend par ce terme. La signification d'un terme est une sorte de règle mentale qui nous indique quels objets physiques ou mentaux ce terme désigne. En bref, définir, c'est exprimer cette règle.

Le critère par excellence d'une bonne définition, c'est qu'elle puisse s'appliquer à tous les objets que le terme désigne et seulement à ceux-ci. Lorsqu'une définition convient à plus d'objets que le terme qu'on veut définir, on dit qu'elle est trop large. Par exemple, «Un chien est un mammifère quadrupède» est une définition trop large parce qu'elle vaut aussi pour le chat, la souris, le zèbre, etc. Par contre, «Un rectangle est un quadrilatère dont les angles sont droits et les côtés égaux» est une définition trop étroite parce qu'elle ne vaut que pour une seule sorte de rectangle: le carré.

On doit aussi éviter, dans une définition, de répéter le terme qu'on veut définir ou l'un de ses dérivés. Par exemple, si, pour définir ce qu'est un splanchnologue, on nous dit que c'est un scientifique spécialisé en splanchnologie, cette définition ne nous éclaire guère. C'est évidemment la splanchnologie qu'il faut définir ici et non le splanchnologue. On doit aussi, dans la mesure du possible, éviter de définir par la négative. Par exemple, «La splanchnologie n'est pas l'étude des végétaux».

Pour bien définir, il faut d'abord inclure le terme à définir dans un terme plus général qu'on appelle le «genre». On précise ensuite au moyen d'une différence qu'on appelle «différence spécifique». Par exemple, «La splanchnologie est la science (genre) qui étudie les viscères (différence spécifique)». C'est cette structure qui nous permet de reconnaître une définition.

Remarques   1. Les termes qui désignent des individus (Samuel de Champlain), des sensations (chaud, rouge, etc.) ou des notions premières (être, substance, etc.) sont indéfinissables.

2. La rigueur qu'on exige d'une définition dépend du contexte. Si «Un agrume est un fruit comme le citron, l'orange, le pamplemousse, etc.» est une définition acceptable dans le discours quotidien, elle risque de ne pas l'être dans un cours d'agronomie.

EXERCICES: DÉFINITIONS

Indiquez dans l'ordre le principal défaut de chacune des définitions suivantes: a) S'agit-t-il vraiment d'une définition (genre?)? b) La définition répète-t-elle le terme à définir ou l'un de ses dérivés? c) Contient-elle une négation injustifiée? d) Est-elle trop étroite ou trop large?

1. Vapeur: gaz dû à la vaporisation d'un liquide ou d'un solide.

2. Téléphone: instrument permettant de reproduire un son à distance.

3. Squelette: charpente osseuse du corps de l'homme.

4. Mammifère: vertébré quadrupède allaitant ses petits.

5. Hebdomadaire: journal qui n'est pas mensuel.

6. Microscope: instrument qui grossit les objets à la vue.

7. Thermomètre: instrument servant à mesurer la température en degrés centigrades.

8. Aimer: non pas se regarder dans les yeux mais regarder ensemble dans la même direction.

9. Lumière: mouvement luminaire des rayons composés des corps lucides, c'est-à-dire lumineux.

10. Poésie: peinture qui se sent au lieu de se voir.

11. Dauphin: mammifère cétacé vivant dans les océans.

12. Crayon: instrument servant à écrire.

13. Triangle: figure formée par les segments de droite joignant à angles égaux trois points non alignés.

14. Ébullition: état d'un corps qui bout.

15. Souris: petit mammifère rongeur, du genre rat.

16. Parallélogramme: quadrilatère ayant ses angles droits et ses côtés égaux.

17. Luth: ancien instrument de musique à cordes.

18. Iguane: reptile saurien de grande taille.

19. Silence: élément dans lequel se façonnent les grandes choses.

20. Œil: organe de la vue chez les vertébrés.

7 LA MISE EN FORME DU SYLLOGISME CATÉGORIQUE

Le syllogisme catégorique réunit trois énoncés attributifs ayant chacun un terme commun aux deux autres. Il comporte donc toujours trois termes qui se répètent chacun deux fois. Son fonctionnement est le suivant: les prémisses servent à présenter un terme qui unira ou séparera les deux termes de la conclusion. La fonction du syllogisme est donc de fournir un terme permettant de fonder un énoncé que nous connaissons déjà. L'idée nouvelle qu'il apporte se trouve dans les prémisses et non dans la conclusion. Supposons que vous ayez un ami dont les connaissances sur les baleines sont plutôt rudimentaires. Pour lui, la baleine est une grosse bête qui vit dans l'eau et qu'il confond avec les poissons. Il est de ce fait convaincu que les baleines peuvent respirer dans l'eau. Vous lui direz probablement: «Les baleines sont des mammifères, elles ont des poumons.» Il s'agit là d'un syllogisme catégorique dont la forme complète serait:

Majeure   Tous les mammifères ont des poumons.
Mineure   Les baleines sont des mammifères.
Conclusion Les baleines ont des poumons.

Dans ce raisonnement, le terme «mammifère» réunit les termes de la conclusion et fonde ainsi l'énoncé selon lequel les baleines ont des poumons.

On utilise continuellement des syllogismes catégoriques dans le discours quotidien, mais ils sont présentés de mille et une façons. Pour en évaluer la validité, il faut d'abord les traduire dans une forme conventionnelle. Vous trouverez cette opération facile si vous suivez attentivement les étapes suivantes.

1re **étape**   Trouvez la conclusion. (Si vous éprouvez de la difficulté à trouver la conclusion, relisez le chapitre 5.)

2e **étape**   Identifiez les termes du syllogisme. Un syllogisme comprend toujours trois termes qui apparaissent deux fois chacun.

Le petit terme (t)   = le sujet de la conclusion
Le grand terme (T)   = le prédicat de la conclusion
Le moyen terme (M)   = le terme qui n'apparaît pas dans la conclusion

3e **étape**   Identifiez les prémisses.

La majeure   = la prémisse qui répète le grand terme (T)
La mineure   = la prémisse qui répète le petit terme (t)

4e **étape**   Transcrivez les énoncés du syllogisme selon l'ordre suivant:

La majeure
La mineure
La conclusion

Quand vous effectuez cette opération, respectez les consignes suivantes:

1. N'inscrivez qu'un seul énoncé par ligne.

2. Inscrivez chaque énoncé sur une seule ligne.

3. Conservez l'ordre d'apparition des termes au sein de l'énoncé.

4. Remplacez les pronoms par le terme qu'ils représentent.

5. Vous pouvez enlever les conjonctions (donc, car, puisque, et, etc.) qui relient les énoncés entre eux, mais conservez toujours les quantificateurs (tous, aucun, quelques, plusieurs, les, etc.) au complet.

5e **étape**   Inscrivez le symbole (t, T, M) des termes sous chacun des termes.

Si vous avez effectué correctement les étapes précédentes, cette dernière opération devrait faire apparaître une des figures suivantes:

1re fig.	2e fig.	3e fig.	4e fig.
M T	T M	M T	T M
t M	t M	M t	M t
t T	t T	t T	t T

Bien qu'elle ne soit pas indispensable, la reconnaissance de ces figures pourra vous aider plus tard à identifier plus rapidement le défaut de certains syllogismes non valides.

Exemple
Discours quotidien: Presque tous les Italiens aiment la pizza. Roberto Ponti aime donc la pizza puisqu'il est Italien.

Mise en forme:

Majeure   Presque tous les Italiens aiment la pizza.
                        └—M—┘   └T┘

Mineure   Roberto Ponti est Italien.
             └———t———┘   └—M—┘

Conclusion Roberto Ponti aime la pizza.
             └———t———┘   └T┘

Dans l'exemple précédent, au départ, les prémisses sont mélangées mais on les retrouve toutes les trois. En fait, dans le discours quotidien, on omet presque toujours l'une des prémisses. Comment découvrir cette prémisse manquante? Nous procéderons ici aussi par étapes.

1re **étape**   Il faut d'abord trouver quels sont les termes de cette prémisse manquante. Cette opération est facile. On sait que chacun des termes d'un syllogisme catégorique se répète deux fois. Quand une prémisse manque complètement, deux termes n'apparaissent qu'une seule fois. Ce sont ceux au moyen desquels on devra construire la prémisse qui nous manque.

Exemple
La plupart des dentistes sont des menteurs, le docteur Belledent est donc un menteur.

Majeure   La plupart des dentistes sont des menteurs.
                        └—M—┘   └—T—┘

Mineure   ?   ?

Conclusion Le docteur Belledent est un menteur.
             └———t———┘   └—T—┘

Dans cet exemple, le grand terme «menteur» se répète deux fois. La prémisse manquante sera donc composée des deux autres termes qui n'apparaissent qu'une seule fois: «Le docteur Belledent est un dentiste.»

$$\underbrace{\qquad\qquad}_{t}\qquad\underbrace{\qquad}_{M}$$

2ᵉ étape Cette prémisse est-elle affirmative (positive) ou négative? Premièrement, il n'arrive jamais que les deux prémisses soient négatives parce que alors on ne peut rien conclure; il n'y a aucun lien qu'on puisse affirmer ou nier. «Aucun chat n'est un mollusque et aucun chien n'est un mollusque, donc…? Rien.» Deuxièmement, quand la conclusion est affirmative, les deux prémisses le sont aussi. Enfin, quand la conclusion est négative, l'une des prémisses est affirmative et l'autre négative.

3ᵉ étape Comment trouver le quantificateur du sujet de cette prémisse? Remarquons, pour commencer, que lorsque nous construisons une prémisse manquante, nous présumons toujours que notre interlocuteur raisonne correctement. Or, deux prémisses particulières ne donnent jamais un syllogisme valide. Si la prémisse qu'on nous fournit est particulière, la prémisse manquante sera donc universelle. Un syllogisme catégorique ne peut pas non plus être valide si ses prémisses sont moins générales que sa conclusion. Si la conclusion est universelle, la prémisse manquante le sera elle aussi. Enfin, si la conclusion est particulière et la prémisse donnée universelle, il y a de fortes chances pour que la prémisse manquante soit particulière. Cette dernière règle n'est toutefois pas infaillible, c'est le sens qui nous indiquera si on peut utiliser l'universel.

4ᵉ étape Il reste finalement à trouver la position des termes dans cet énoncé. Lequel est sujet, lequel est prédicat? Quand la prémisse manquante est une universelle négative ou une particulière affirmative, la position des termes y est sans intérêt. Pour les autres, c'est le sens des termes qui nous guide dans cette opération. Si les termes de la prémisse manquante sont «arbre» et «érable», il sera évidemment absurde de dire: «Tous les arbres sont des érables.»

Exemple
Tous les sages sont sévères. Il s'ensuit qu'aucune sévérité n'est injuste.

Majeure ? ?

Mineure Tous les sages sont sévères.

$$\underbrace{\qquad}_{M}\qquad\underbrace{\qquad}_{t}$$

Conclusion Aucune sévérité n'est injuste.
              └─t─┘   └─T─┘

1ʳᵉ étape Les termes manquants sont «sages» et «injuste»: ce sont les termes qui ne se répètent pas.

2ᵉ étape La conclusion est négative et la prémisse que nous avons est affirmative. La prémisse manquante sera donc négative.

3ᵉ étape La conclusion est universelle. La prémisse manquante le sera aussi.

4ᵉ étape La prémisse manquante étant une universelle négative, la position des termes n'importe pas.

La prémisse manquante est donc:

Aucun sage n'est injuste.
   └M┘   └─T─┘

CONSIGNES POUR TROUVER UNE PRÉMISSE MANQUANTE

Quels sont les termes?

> Un des termes se répète deux fois, les deux autres sont ceux de la prémisse manquante.

Cette prémisse est-elle affirmative ou négative?

Conclusion	Prémisse donnée	Prémisse manquante
	Négative	Affirmative
Affirmative	Affirmative	Affirmative
Négative	Affirmative	Négative

Cette prémisse est-elle universelle ou particulière?

Conclusion	Prémisse donnée	Prémisse manquante
Universelle		Universelle
	Particulière	Universelle
Particulière	Universelle	Particulière ou universelle

EXERCICES: MISE EN FORME DU SYLLOGISME CATÉGORIQUE

Traduisez les syllogismes catégoriques suivants dans une forme conventionnelle.

1. Tous les mammifères ont le sang chaud. Les dauphins ont donc le sang chaud puisqu'ils sont des mammifères.

2. Aucun chien n'est un félin puisque tous les chats sont des félins et qu'aucun chien n'est un chat.

3. Tout comme les avocats, les enseignants gagnent leur vie à parler. Les enseignants sont donc des avocats.

4. Plusieurs politiciens sont des menteurs. Ronald Reagan est donc un menteur.

5. Tous les syphilitiques ont des boutons. Avec les boutons qu'il a, Pierre est sûrement syphilitique.

6. La pénicilline est un antibiotique, la tétracycline aussi. La tétracycline est donc de la pénicilline.

7. La plupart des jeunes d'aujourd'hui font l'amour, il n'y a donc plus de vierges.

8. Les érables étant tous des arbres, ils sont tous des végétaux.

9. Tous les érables sont des arbres puisque ce sont des végétaux.

10. L'ornithorynque est un mammifère ovipare. Certains mammifères sont donc ovipares.

11. Il y a des sages qui sont sévères, il y a donc des sévérités qui ne sont pas injustes.

12. La plupart des infirmières compétentes travaillent dans les hôpitaux, celles qui travaillent à domicile sont donc incompétentes.

CHAPITRE 8 LES SOPHISMES

Traditionnellement, on appelait «sophismes» les mauvais raisonnements faits avec l'intention de tromper l'auditeur; et «paralogismes» les mauvais raisonnements commis simplement par erreur. On ne retient guère de nos jours cette distinction fondée sur l'intention de l'orateur, et on appelle «sophismes» tous les ensembles d'énoncés qui, tout en ayant l'apparence de raisonnements valides, n'en sont pas. Les auteurs modernes nous présentent des listes interminables de sophismes qui varient d'ailleurs d'un auteur à l'autre. Ils incluent sous cette appellation tous les trucs oratoires permettant de donner à la fausseté des allures de vérité. Si nous nous en tenons uniquement à la validité du raisonnement, il n'y a que quatre sophismes fondamentaux: la pétition de principe, l'équivoque verbale, l'indice insuffisant et la généralisation au sein d'une déduction. Étant donné la signification étroite que nous donnons au mot «sophisme», ceux-ci correspondent toujours à une erreur de forme plutôt que de contenu. Mais cette erreur de forme est occasionnée par la signification de leurs termes ou par leur valeur. Les deux premiers sophismes de cette liste proviennent de la signification des termes, et les deux autres de leur valeur.

LA PÉTITION DE PRINCIPE

Chacun sait ce que signifie l'expression «faire circuler une pétition». On nous invite à appuyer une demande quelconque au moyen de notre signature. Faire une pétition de principe, c'est demander que ce que l'on dit serve de principe.

Un principe, dans le domaine de la pensée, est un énoncé de départ qu'on considère comme évident et pour lequel on ne fournit aucun argument. Par exemple, on considère comme un principe la règle selon laquelle on ne peut soutenir, en même temps et sous le même rapport, un énoncé et sa néga-tion (principe de non-contradiction). Quand on prouve à quel-qu'un qu'il se contredit, on n'a pas besoin de justifier par la suite qu'il ne doit pas le faire.

Admettre des principes est donc un acte légitime; ce qui ne l'est pas, c'est faire semblant de fournir un argument et ne pas en fournir vraiment. Par exemple, un de vos amis soutient: «Glenn Gould était un bon pianiste.» Vous lui de-mandez pourquoi, il répond : «Mais! Parce qu'il joue bien du piano.» Vous vous sentez alors un peu naïf d'avoir posé cette question; mais vous ne l'êtes pas, c'est votre ami qui est fautif. Vous lui demandez de fournir une raison pour soutenir son énoncé, il ne fait que répéter sa conclusion en d'autres mots. «Bon pianiste» et «jouer bien du piano» expriment exactement la même idée, en tant que prédicat. La mineure et la conclusion de ce raisonnement sont un même énoncé.

Majeure   Tous ceux et celles qui jouent bien du piano sont de bons pianistes.
Mineure   Glenn Gould joue bien du piano.
Conclusion   Glenn Gould est un bon pianiste.

Dans l'exemple précédent, la mineure répète la conclusion parce que le moyen terme est identique au grand terme. La pétition de principe peut aussi provenir de la majeure, mais ce cas est moins fréquent. Par exemple, «Du beurre, c'est bien meilleur parce que du beurre, c'est du beurre.»

Majeure   Du beurre, c'est bien meilleur.
Mineure   Du beurre, c'est du beurre.
Conclusion   Du beurre, c'est bien meilleur.

Ici, le moyen terme répète le petit terme.

Pour l'instant, disons que les pétitions de principe sont des syllogismes catégoriques dont le défaut formel est de ne posséder que deux termes: le moyen terme y répète un des deux autres termes. Un indice permet de les reconnaître facilement: *l'une des prémisses répète la conclusion*. Nous étudierons plus loin un cas plus subtil de la pétition de prin-cipe où la vérité d'une des prémisses dépend de celle de la conclusion.

L'ÉQUIVOQUE VERBALE

Les pétitions de principe sont des syllogismes catégoriques non valides parce qu'il leur manque un terme. Par opposition, les équivoques verbales en ont un de trop. Le mot «équivoque» est l'antonyme du mot «univoque». Les termes d'un syllogisme doivent toujours être utilisés de manière univoque, c'est-à-dire qu'ils doivent toujours conserver la même signification tout au long du raisonnement. *Il y a équivoque verbale lorsqu'un terme change de signification au sein d'un raisonnement.*

Majeure   Tous ceux qui volent sont des malfaiteurs.
Mineure   Les oiseaux volent.
Conclusion   Les oiseaux sont des malfaiteurs.

Comme vous l'avez sans doute déjà remarqué, c'est le moyen terme (volent) qui a ici deux significations. Dans la majeure, il signifie «s'approprier le bien d'autrui de façon malhonnête»; dans la mineure, il signifie «se mouvoir dans les airs». Il est évident que dans ce cas le moyen terme ne remplit pas son rôle qui consiste à réunir les termes de la conclusion. Cette équivoque verbale est bien grossière.

Vous vous questionnez peut-être sur l'utilité de savoir reconnaître ce genre de sophisme. En fait, l'équivoque verbale est un sophisme assez fréquent dans le discours quotidien, mais c'est le plus difficile à reconnaître. Il peut nous arriver de lire un texte des dizaines de fois sans entrevoir l'équivoque verbale qu'il contient. Pour cette raison, nous nous limiterons à des équivoques grossières dans les exercices qui concluent ce chapitre. Ces exercices n'ont pour but que de vous aider à mémoriser ce défaut. Plus loin, nous étudierons des équivoques plus subtiles.

Essayez de découvrir l'équivoque qui suit sans lire la solution. Elle est tout aussi grossière, mais un peu plus difficile à découvrir.

Majeure   Tout ce qui sourit est humain.
Mineure   Cette statue sourit.
Conclusion   Cette statue est humaine.

C'est encore dans le moyen terme que se trouve l'équivoque. Dans la majeure, le sourire désigne la capacité psychologique de saisir le ridicule ou d'exprimer sa joie; dans la mineure, il désigne une certaine expression du visage.

L'INDICE INSUFFISANT

Nous avons vu lors de l'étude des moyens de convaincre que la maxime et l'indice sont les deux prémisses d'un même raisonnement: la maxime est la majeure de ce raisonnement, et l'indice la mineure. Ce genre de raisonnement a pour fonction d'appliquer à une situation nouvelle des informations que nous possédons déjà. En fait, ce qui indique vraiment dans ce genre de raisonnement, c'est le moyen terme. La majeure nous dit ce que le moyen terme indique, elle est la règle de l'indice. La mineure relie le moyen terme au sujet dont on parle. Dans la conclusion, le moyen terme disparaît et le sujet est relié à ce qui est indiqué.

Dans l'étude de la valeur des termes, nous avons vu que seul l'universel est vraiment distributif: on peut l'attribuer à chaque membre d'une classe d'objets. Le particulier n'est que partiellement distributif: on peut l'attribuer à certains membres d'une classe d'objets, mais on ne sait pas lesquels. Enfin, le collectif n'est pas du tout distributif, il parle de la classe elle-même et non de ses membres. Pour que le moyen terme puisse exercer sa fonction qui est de relier le sujet au prédicat de la conclusion, il faut donc absolument qu'il soit distributif, c'est-à-dire qu'il soit universel au moins une fois. *Quand le moyen terme d'un syllogisme catégorique est particulier deux fois, il s'agit alors d'un sophisme: un indice insuffisant.*

Majeure	Tous les mammifères ont des poumons.
Mineure	Tous les oiseaux ont des poumons.
Conclusion	Les oiseaux sont des mammifères.

Dans cet exemple, le moyen terme (ont des poumons) est particulier deux fois parce qu'il est, dans chacune des prémisses, le prédicat d'un énoncé affirmatif (cf. chap. 6). Il ne permet donc pas d'appliquer le prédicat «mammifère» aux oiseaux. Ici, le sophisme est apparent parce qu'on ne croit pas à la conclusion. Mais lorsqu'on accepte la conclusion, le risque de se laisser berner par un mauvais raisonnement est plus grand.

Majeure	Tous les mammifères ont de la fourrure.
Mineure	Tous les ours ont de la fourrure.
Conclusion	Tous les ours sont des mammifères.

Les prémisses et la conclusion de ce syllogisme sont toutes vraies, mais la forme n'en est quand même pas valide.

Pour en rendre la compréhension plus facile, les exemples précédents sont tirés de la zoologie, mais ce sophisme déborde largement le cadre de cette science. Il s'agit probablement du sophisme le plus utilisé. Il constitue l'outil par excellence du commérage et de la démagogie car il permet de prouver, en apparence, n'importe quoi. Il suffit de trouver quelques ressemblances mineures entre deux objets pour attribuer à l'un les caractéristiques de l'autre; ou encore, d'attribuer à un individu les caractéristiques de certains membres d'un groupe auquel il appartient. «Presque toutes les filles qui ont un tatouage sont des danseuses à gogo. Nathalie est sûrement une danseuse à gogo, car elle a un tatouage.» «Tu fumes certainement de la mari, Stéphane. Tu étudies maintenant au cégep. Plusieurs étudiants du cégep fument de la mari.»

Majeure	La plupart des filles tatouées sont des danseuses à gogo.
Mineure	Nathalie a un tatouage.
Conclusion	Nathalie est une danseuse à gogo.

Majeure	Plusieurs étudiants du cégep fument de la mari.
Mineure	Stéphane étudie au cégep.
Conclusion	Stéphane fume de la mari.

En bref, un syllogisme catégorique dont le moyen terme est particulier deux fois donne un indice insuffisant. Pour le retrouver plus rapidement, on peut aussi remarquer que ses formes les plus fréquentes dans le discours quotidien sont les suivantes: a) des syllogismes de première figure dont la majeure est particulière; b) des syllogismes de deuxième figure dont les deux prémisses sont affirmatives. Les formes suivantes sont plus rares: a) des syllogismes de troisième figure dont les deux prémisses sont particulières; b) des syllogismes de quatrième figure dont la majeure est affirmative et la mineure particulière.

Dans tous les cas qui précèdent, le moyen terme est particulier deux fois. L'observation des figures des syllogismes peut donc nous aider à trouver plus vite les indices insuffisants. Mais le véritable défaut qu'on doit indiquer quand on les discute, c'est que leur moyen terme ne permet pas de conclure.

LA GÉNÉRALISATION AU SEIN D'UNE DÉDUCTION

Certains auteurs nomment ce sophisme «généralisation in-due». Cette appellation n'indique pas le défaut de ces généralisations. Leur défaut, c'est qu'elles se produisent au sein d'une déduction. Tous les syllogismes sont des déductions. Comme nous l'avons vu, la déduction est un raisonnement qui applique à une situation particulière (mineure, indice) des informations ou des croyances déjà acquises (majeure, maxime). Il va de soi que la conclusion d'une déduction ne doit jamais être plus générale que les données fournies par les prémisses. Par exemple, si vous observez que *certains* enseignants boivent trop d'alcool, vous ne devez pas conclure que *tous* les enseignants sont des ivrognes.

Majeure   Tous ceux et celles qui boivent trop d'alcool sont des ivrognes.
Mineure   Certains enseignants boivent trop d'alcool.
Conclusion   Tous les enseignants sont des ivrognes.

Dans cet exemple, l'erreur porte sur le petit terme (enseignant) qui est particulier dans la mineure et universel dans la conclusion. Le défaut peut aussi se produire dans le grand terme.

Majeure   Tous les mammifères ont des poumons.
Mineure   Aucun oiseau n'est un mammifère.
Conclusion   Aucun oiseau n'a de poumons.

L'erreur se trouve, dans ce cas, dans le grand terme (avoir des poumons) qui est particulier dans la majeure et universel dans la conclusion.

Il y a donc une généralisation au sein d'une déduction lorsque l'un des termes de la conclusion est plus général dans la conclusion qu'il ne l'est dans les prémisses. Dans les deux exemples précédents, on passait du particulier dans la prémisse à l'universel dans la conclusion. Il y a aussi généralisation lorsqu'on passe d'un particulier à un particulier plus général: par exemple, de «certains» à «la plupart».

Plusieurs formes du discours permettent de masquer une généralisation: «Beaucoup de commerçants trompent leurs clients. Il est devenu impossible de trouver un commerçant honnête.» Dans ce raisonnement, l'expression «il est devenu impossible de trouver» cache le quantificateur «aucun».

Majeure   Aucune personne honnête ne trompe ses clients.

Mineure   Beaucoup de commerçants trompent leurs clients.

Conclusion Aucun commerçant n'est honnête.

Une fois le syllogisme complété et mis en forme, on voit beaucoup plus facilement la généralisation dans le petit terme (commerçant).

La généralisation au sein d'une déduction est, elle aussi, un défaut très fréquent du discours quotidien. Elle est le sophisme de base du racisme, du sexisme et de toutes les autres formes que prend l'intolérance.

L'IDENTIFICATION DES SOPHISMES DANS LES SYLLOGISMES CATÉGORIQUES

L'une des prémisses répète-t-elle la conclusion?   Oui = pétition de principe.

Un terme est-il pris dans deux sens différents?   Oui = équivoque verbale.

Le moyen terme est-il particulier deux fois?   Oui = indice insuffisant.

Un terme est-il plus général dans la conclusion que dans les prémisses?   Oui = généralisation au sein d'une déduction.

EXERCICES: LES SOPHISMES

Les syllogismes suivants sont-ils des sophismes? Si oui, nommez ce sophisme et indiquez le terme sur lequel il porte. N'oubliez pas: c'est la validité de la forme que vous jugez, non la vérité des énoncés.

1. La plupart des Montréalais sont des partisans des Expos. Le maire de Montréal est donc un partisan des Expos. *Gérald Tremblay*

2. Ce patient est un hypocondriaque puisque, comme tous les hypocondriaques, il se plaint toujours de ses douleurs.

3. Aucun chat n'est un homme et tous les hommes sont des mammifères. Il s'ensuit qu'aucun chat n'est un mammifère.

4. Les comptables sont malhonnêtes parce que la plupart d'entre eux trompent l'impôt.

5. Pourquoi je dis que Sylvain est malade? Mais parce qu'il souffre d'une maladie.

6. Tous les métaux sont des solides. En conséquence, le mercure n'est pas un métal puisqu'il n'est pas un solide.

7. Tout être raisonnable est un homme. Les femmes ne sont pas des hommes. Elles ne sont donc pas raisonnables.

8. La plupart des commerçants trompent leurs clients; il n'y a plus de commerçants honnêtes.

9. L'homme descend du singe, le singe descend de l'arbre, donc l'homme descend de l'arbre.

10. La mafia est une grosse organisation internationale dont le centre est en Italie. L'Église catholique aussi. L'Église catholique est donc une sorte de mafia.

11. La plupart des garçons d'aujourd'hui sont volages. Il est devenu impossible de trouver un garçon digne d'être marié.

12. Les chauves-souris sont des mammifères et elles ont des ailes. Certains mammifères ont donc des ailes.

13. Rien n'est mieux qu'une bonne bière. Un café est mieux que rien. Un café est donc mieux qu'une bonne bière.

14. Tous les Québécois ne sont pas très grands. Gilles Gagnon n'est donc pas très grand.

15. Il faut soigner votre personne à la base. Or, la base de votre personne, c'est vos pieds. Il faut donc bien soigner vos pieds.

16. Seuls les danseurs sont admis ici. Certains chanteurs sont admis ici. Certains chanteurs sont donc des danseurs.

17. Tous les bons pianistes ne sont pas Allemands. Rubinstein n'est donc pas un bon pianiste.

18. Ton chat a certainement des puces car presque tous les chats ont des puces.

19. Michael Jackson est un bon chanteur parce qu'il chante bien et que tous ceux qui sont de bons chanteurs chantent bien.

20. Il y avait beaucoup d'homosexuels dans la Grèce antique. Socrate était donc un homosexuel.

21. Tous les enseignants sont syndiqués. Il n'y a plus d'idéal de dévouement dans l'enseignement.

22. La plupart des scientifiques expérimentés travaillent dans l'industrie. Ceux et celles qui enseignent à l'université sont donc inexpérimentés.

23. Tous les êtres humains sont capables de fabriquer des outils. Certains singes sont capables de fabriquer des outils. Certains singes sont donc des êtres humains.

24. En botanique, les tomates sont considérées comme des fruits. On doit donc les servir au dessert puisque selon les règles de la cuisine, on doit servir les fruits au dessert.

25. Les Jeeps sont beaucoup plus robustes que les autres marques de 4 X 4 parce que seules les Jeeps sont des Jeeps.

CHAPITRE **9** **LES SYLLOGISMES COMPOSÉS**

On appelle «syllogismes composés» les syllogismes dont la majeure est un composé de deux énoncés réunis par une conjonction. Par exemple, «S'il fait clair dehors, alors c'est le jour. Il fait clair. Donc, c'est le jour.» Nous distinguerons trois sortes de syllogismes composés: les syllogismes hypothétiques, les syllogismes disjonctifs et les syllogismes d'incompatibilité.

Le syllogisme hypothétique

C'est la prémisse majeure qui distingue les différentes sortes de syllogismes. La majeure des syllogismes hypothétiques est un énoncé conditionnel du type «Si... alors...» On appelle «antécédent» la première partie de cet énoncé, et «conséquent» la deuxième. La mineure affirme l'antécédent ou nie le conséquent. Parallèlement, la conclusion affirme le conséquent ou nie l'antécédent.

Exemple

Majeure	S'il neige, alors il fait froid.
Mineure	Il neige.
Conclusion	Il fait froid.

Majeure	Quand il neige, il fait froid.
Mineure	Il ne fait pas froid.
Conclusion	Il ne neige pas.

Comme nous le voyons dans le deuxième exemple, les mots «si» et «alors» ne figurent pas forcément dans un énoncé conditionnel, c'est l'idée qui importe. Ce genre de raisonnement est très fréquent dans la vie courante, mais nous omettons le plus souvent la majeure parce qu'elle est trop évidente. Par exemple, quand vous dites à quelqu'un de ne pas traverser une rue parce que le feu de circulation est rouge, vous utilisez un syllogisme hypothétique dont la majeure serait: «Quand le feu de circulation est rouge, on ne doit pas traverser la rue.» Dans une situation semblable, on dit le plus souvent: «Attention, le feu est rouge» et on laisse notre interlocuteur compléter le raisonnement.

Évaluer la validité d'un syllogisme hypothétique est facile: seules les deux formes que nous avons utilisées comme exemples sont valides. L'affirmation de l'antécédent dans la mineure entraîne celle du conséquent dans la conclusion. La négation du conséquent dans la mineure entraîne celle de l'antécédent dans la conclusion. Mais on ne peut rien déduire de l'affirmation du conséquent ou de la négation de l'antécédent. Du fait qu'il fait froid, je ne peux pas déduire qu'il neige ou qu'il ne neige pas. De même, le fait qu'il ne neige pas ne me permet pas de savoir s'il fait froid ou non.

Le syllogisme disjonctif Les syllogismes disjonctifs se reconnaissent par une majeure de type «Ou bien... ou bien...» Quand la mineure affirme une partie de cet énoncé, la conclusion nie l'autre. Quand la mineure nie l'un de ces énoncés, la conclusion affirme l'autre.

Exemple

Majeure	Ou c'est le jour, ou c'est la nuit.
Mineure	C'est le jour.
Conclusion	Ce n'est pas la nuit.

Majeure	Ou c'est le jour, ou c'est la nuit.
Mineure	Ce n'est pas le jour.
Conclusion	C'est la nuit.

Il est bien rare qu'on commette des fautes de forme dans un syllogisme disjonctif. Pour qu'un syllogisme disjonctif ne soit pas valide, il faut soit affirmer, soit nier les deux côtés à la fois de l'alternative qu'il exprime (mineure: c'est le jour; conclusion: donc c'est la nuit). Il faut être niais ou très distrait pour en arriver là. C'est surtout de l'usage qu'on en fait qu'il faut se méfier: on est souvent porté à voir des disjonctions exclusives là où il n'y en a pas...

Le syllogisme d'incompatibilité La majeure des syllogismes d'incompatibilité est de la forme: non à la fois A et B. Quand la mineure affirme l'une des parties de la majeure, la conclusion nie l'autre. Si la mineure nie l'une des parties de la majeure, on est incapable de conclure.

Exemple

Il est impossible d'être assis et debout en même temps.
Je suis assis.
Donc, je ne suis pas debout.
Il est impossible d'être assis et debout en même temps.
Je ne suis pas assis.
Suis-je debout? Je peux aussi être couché, à genoux, etc.

Comme on le voit dans ce dernier exemple, la forme non valide de ce syllogisme qui risque le plus de se produire consiste à tirer une conclusion à partir de la négation d'une des deux parties de la majeure. Tirer une conclusion affirmative de l'affirmation d'une des parties de la majeure serait aussi une erreur, mais cette erreur risque beaucoup moins de se produire: elle contredit la majeure.

LES SOPHISMES DANS LES SYLLOGISMES COMPOSÉS

Les sophismes des syllogismes composés sont les mêmes que ceux des syllogismes catégoriques. Toutefois, comme ces syllogismes opèrent sur les énoncés plutôt que sur les termes, nous ne ferons pas la différence entre l'indice insuffisant et la généralisation bien que dans certains syllogismes hypothétiques cette distinction soit possible. Nous ramènerons ces deux sophismes à un seul: le défaut de suffisance.

La pétition de principe

En ce qui concerne les syllogismes hypothétiques, si l'antécédent et le conséquent ont exactement le même sens, il y a pétition de principe. Ce sophisme est presque identique dans les deux genres de syllogismes; toutefois, dans les syllogismes hypothétiques, il porte toujours sur la mineure.

Majeure   Si Glenn Gould joue bien du piano, alors c'est un bon pianiste.
Mineure   Glenn Gould joue bien du piano.
Conclusion Glenn Gould est un bon pianiste.

Dans les syllogismes disjonctifs et d'incompatibilité, si l'une des parties de l'alternative est simplement la négation de l'autre, on obtient aussi une pétition de principe.

Majeure   Ou il neige ou il ne neige pas.
Mineure   Il neige.
Conclusion Il neige. (négation de «il ne neige pas»)

L'équi-voque verbale   Quand les énoncés d'un syllogisme composé changent de sens, il y a équivoque verbale, mais nous avons absolument besoin du contexte pour le savoir.

Majeure	Quand il y a une ligne de piquetage, on ne doit pas la traverser.
Mineure	Il y a une ligne de piquetage.
Conclusion	On ne doit pas la traverser.

La majeure de ce raisonnement énonce un principe du syndicalisme. Mais dans l'énoncé de ce principe, «il y a une ligne de piquetage» signifie: «Les membres de ce syndicat, réunis en assemblée générale, ont voté majoritairement en faveur d'une grève; et maintenant, certains d'entre eux, munis de pancartes, bloquent les entrées de leur milieu de travail.» Ce principe ne s'applique que si toutes ces conditions sont remplies. Supposons que quelques membres d'un syndicat, à la suite d'un conflit avec leur patron, décident de se munir de pancartes et de bloquer l'accès de leur milieu de travail, sans avoir obtenu au préalable l'accord de l'assemblée générale de leur syndicat. Nous dirons quand même qu'ils dressent une ligne de piquetage, mais alors, l'expression «ligne de piquetage» ne signifiera que l'acte de bloquer l'entrée d'une institution. Physiquement, il y a une ligne de piquetage mais, au sens légal, il n'y en a pas. Relisez l'exemple précédent en appliquant le sens légal de cette expression à la majeure, et le sens physique à la mineure; vous verrez qu'il y a alors équivoque verbale, mais cette équivoque n'est pas grossière...

Le défaut de suffisance   Nous avons vu qu'un syllogisme hypothétique n'est valide que lorsque la mineure affirme l'antécédent et la conclusion affirme le conséquent, ou lorsque la mineure nie le conséquent et la conclusion nie l'antécédent. Le contraire produit un défaut de suffisance. Il y a défaut de suffisance lorsqu'on affirme le conséquent dans la mineure et l'antécédent dans la conclusion; ou lorsqu'on nie l'antécédent dans la mineure, et le conséquent dans la conclusion. Les autres combinaisons possibles sont simplement des contradictions de la majeure, c'est-à-dire des énoncés qui nient le rapport exprimé dans la majeure. Il y a contradiction, par exemple, si quelqu'un dit: «S'il fait beau, je vais à la plage. Il fait beau. Donc je ne vais pas à la plage.»

Raisonne-ments valides	*Majeure*	Si Pierre fait de la fièvre, alors il est malade.
	Mineure	Pierre fait de la fièvre.
	Conclusion	Pierre est malade.

Majeure	Si Pierre fait de la fièvre, alors il est malade.	
Mineure	Pierre n'est pas malade.	
Conclusion	Pierre ne fait pas de fièvre.	

Défauts de suffisance

Majeure	Si Pierre fait de la fièvre, alors il est malade.
Mineure	Pierre est malade.
Conclusion	Pierre fait de la fièvre.

Majeure	Si Pierre fait de la fièvre, alors il est malade.
Mineure	Pierre ne fait pas de fièvre.
Conclusion	Pierre n'est pas malade.

L'ennui avec ce critère, c'est que dans le discours quotidien on ne nous fournit presque jamais la majeure; il nous faut en conséquence, dans la plupart des cas, juger de la validité de la majeure. On considère qu'une majeure est valide quand il est impossible que l'antécédent soit vrai et le conséquent faux. Par exemple, si quelqu'un nous dit: «Il neige sûrement dehors, il fait tellement froid.» Pour que ce raisonnement soit valide, il faut que la majeure s'énonce: «S'il fait froid, alors il neige.» Mais il est possible que «il fait froid» soit vrai et que «il neige» soit faux. Cette majeure n'est donc pas valide. Il s'agit d'un défaut de suffisance. En fait, si on énonce correctement le rapport entre le froid et la neige (S'il neige, alors il fait froid.), on se rend compte que ce raisonnement affirme le conséquent dans la mineure, et l'antécédent dans la conclusion. Cette règle ne s'applique évidemment qu'aux majeures portant sur un événement naturel. On ne doit pas l'appliquer, par exemple, quand un ami promet de venir nous visiter s'il n'a pas d'empêchement.

Dans les syllogismes disjonctifs et les syllogismes d'incompatibilité, la majeure est toujours donnée, sans quoi on construirait ceux-ci dans une forme hypothétique. Une erreur de forme dans un syllogisme disjonctif entraîne toujours une contradiction de la majeure. Les syllogismes disjonctifs ne se prêtent donc pas à un défaut de suffisance dans leur forme: ils sont valides ou contradictoires. Il y a défaut de suffisance dans les syllogismes d'incompatibilité lorsqu'on nie l'une des parties de la majeure dans la mineure et qu'on affirme l'autre dans la conclusion:

Majeure	Il est impossible qu'il pleuve et qu'il fasse beau.
Mineure	Il ne pleut pas.
Conclusion	Il fait beau.

Quand la mineure affirme une partie de la majeure et la conclusion affirme l'autre, il y a évidemment contradiction de la majeure.

RECONNAISSANCE DES SOPHISMES DANS LES SYLLOGISMES COMPOSÉS

L'une des prémisses répète-t-elle la conclusion? Oui = pétition de principe.

Un énoncé est-il pris dans deux sens différents? Oui = équivoque verbale.

Syllogisme hypothétique
Affirme-t-on le conséquent dans la mineure et l'antécédent dans la conclusion?

Nie-t-on l'antécédent dans la mineure et le conséquent dans la conclusion? Oui = défaut de suffisance.

Syllogisme d'incompatibilité
La mineure nie-t-elle une des parties de la majeure? Oui = défaut de suffisance.

EXERCICES: SYLLOGISMES COMPOSÉS

Les raisonnements suivants sont-ils des syllogismes hypothétiques, disjonctifs ou d'incompatibilité? Sont-ils valides? Si non, pourquoi?

1. Si j'avais de l'argent, j'achèterais une automobile. J'achète une automobile, donc j'ai de l'argent.

2. Si je n'étais pas né, je ne serais jamais allé aux Bahamas. Je ne suis jamais allé aux Bahamas, donc je ne suis pas né.

3. Si je n'aime pas la musique, alors je ne vais pas au concert. Je vais au concert, alors j'aime la musique.

4. Si tu es un fumeur, tu n'as pas le droit de manger dans cette section de la cafétéria. Tu n'as pas le droit de manger dans cette section de la cafétéria, donc tu es un fumeur.

5. Si j'étais un alcoolique, alors je boirais trop. Je ne suis pas un alcoolique, donc je ne bois pas trop.

6. Ou il pleut, ou il ne pleut pas. Or, il pleut. Donc, il ne pleut pas.

7. Jimi Hendrix était le seul à jouer aussi bien de la guitare à son époque, Jimi Hendrix était donc le meilleur guitariste de son temps.

8. Cet animal est un vertébré, c'est donc un mammifère.

9. Un feu de circulation ne peut être à la fois rouge et vert. Le feu n'est pas rouge. Donc, il est vert.

10. Christian ne fait pas de fièvre, il n'est donc pas malade.

A et B étant respectivement le premier et le deuxième énoncé d'une majeure, quelles sont les majeures susceptibles de rendre les raisonnements suivants valides?

1. A donc B
2. B donc A
3. non A donc non B
4. non B donc non A

5. A donc non B
6. non A donc B
7. B donc non A
8. non B donc A

10 LE RAISONNEMENT PAR ANALOGIE

Le mot «analogie» vient de la langue grecque où il désignait à l'origine la proportion mathématique du genre 2 est à 4 ce que 3 est à 6. Ce genre de raisonnement établit un parallèle entre 2 et 3 ainsi que 4 et 6. Ce parallèle ne signifie pas que 3 est 2 ou que 6 est 4. Il signifie une identité de rapport entre 2, 4 et 3, 6: dans les deux cas, le deuxième nombre est le double du premier. Le raisonnement par analogie procède de la même façon: les termes n'y sont pas du même genre, c'est leur rapport qui est identique. On suppose entre ces termes une même fonction, un fonctionnement identique: «L'éloignement est à l'amour ce que le vent est à la flamme: il éteint les petits et ranime les grands.» Cette analogie un peu romanesque a l'avantage d'énoncer clairement le rapport qu'elle transpose du domaine de la combustion à celui de l'amour. Il est bien évident que l'amour n'est pas un genre de flamme, ni l'éloignement un genre de vent. On voit quand même une identité de fonctionnement entre ces deux phénomènes de genres différents. La conclusion qui en ressort servira de maxime. On pourra l'utiliser pour rassurer un ami dont la flamme se retrouve temporairement dans un pays lointain.

De ce point de vue, le raisonnement par analogie va du général au général: il transpose une maxime d'un domaine à un autre. Cette maxime exprime toujours la constatation d'un rapport identique entre des faits ou des événements appartenant à des domaines différents. Elle est incapable de produire des maximes exprimant un devoir ou une appréciation morale. On doit toujours traduire les analogies dans des énoncés exprimant une nécessité factuelle et non un devoir ou une appréciation morale. Par exemple, dans le proverbe: «Il ne faut pas dire: Fontaine je ne boirai pas de ton eau», la partie analogique signifie que la promesse de ne pas recourir à une personne ou à une chose est intenable. L'énoncé «il ne faut pas dire» provient d'une déduction qu'on y ajoute et dont la maxime serait: «On ne doit jamais faire de promesse qu'on ne peut être assuré de tenir.» De même l'analogie: «Les loups ne se mangent pas entre eux» signifie: «Les méchants ne cherchent pas à se nuire» et non: «Les méchants ne doivent pas chercher à se nuire.» *Une analogie dont on se sert pour exprimer un devoir ou une justification morale n'est donc pas valide.* À un ami Chinois qui ne tarissait pas d'éloges sur les bienfaits de la révolution chinoise, j'objectai un jour que cette révolution avait fait couler beaucoup de sang. Il me répondit: «N'avez-vous pas un proverbe qui dit: ''On ne fait pas d'omelette sans casser des oeufs''?» Cette analogie signifie que l'achèvement d'une tâche implique des sacrifices: il faut sacrifier l'oeuf si on veut obtenir une omelette. Cette analogie suffit pour prouver que toute révolution implique nécessairement des sacrifices. Elle ne prouve pas que les bienfaits apportés par la révolution compensent les sacrifices de vies humaines qu'elle a entraînés. C'est là une question à laquelle il est impossible de répondre au moyen d'une simple analogie. Le raisonnement par analogie peut participer à une justification morale, mais il n'est jamais suffisant à lui seul pour conclure.

Dans le discours quotidien, on appelle souvent «analogie» ce qui n'est qu'une ressemblance. À cause de cela, le raisonnement par analogie n'a pas une très bonne réputation. On y voit l'origine des conclusions aberrantes qu'atteint la pensée magique. Parce que le jus des betteraves est de la même couleur que le sang, on a cru jadis que sa consommation fortifiait le sang. La noix de Grenoble avec son écale ressemblant à un cerveau dénudé, on a cru que sa consommation était bonne pour le cerveau. Ce ne sont pas là des analogies mais de simples ressemblances de couleurs ou de formes. Le raisonnement par analogie ne porte pas sur les qualités des objets que l'on compare mais sur les rapports qu'ils entretiennent entre eux. On le reconnaît à ce qu'il comporte toujours quatre termes clairement distincts. La conclusion qui souvent n'est pas énoncée est le rapport identique qu'on voit entre ces termes pris par paire.

EXERCICES: RAISONNEMENT PAR ANALOGIE

Transposez les analogies suivantes dans la forme A est à B ce que C est à D. Quelle est la conviction (maxime) transposée d'un domaine à l'autre?

1. «La plante mise en liberté garde l'inclinaison qu'on l'a forcée à prendre; mais la sève n'a point changé pour cela sa direction primitive; et, si la plante continue à végéter, son prolongement redevient vertical. Il en est de même des inclinations des hommes. Tant qu'on reste dans le même état, on peut garder celles qui résultent de l'habitude, et qui nous sont le moins naturelles; mais, sitôt que la situation change, l'habitude cesse et le naturel revient. L'éducation n'est certainement qu'une habitude». (ROUSSEAU, Jean-Jacques. *Émile, ou De l'éducation*)

2. «Quelque pénible que puisse paraître cette recherche, cette enquête intérieure, elle devient, en quelque mesure, nécessaire à ceux qui voudraient décrire avec succès les apparences manifestes et extérieures de la vie et des mœurs. L'anatomiste présente aux yeux les objets les plus hideux et les plus désagréables, mais sa science est utile au peintre qui dessine même une Vénus ou une Hélène.» (HUME, David. *Enquête sur l'entendement humain*)

3. «Quiconque aimera avec sagesse triomphera et obtiendra ce qu'il demande à notre Art. Les sillons ne rendent pas toujours avec usure les semences qu'on leur confie, la brise n'aide pas toujours les vaisseaux incertains; ce qui aide les amants est peu de chose, ce qui les blesse est davantage: qu'ils préparent leur cœur à supporter bien des épreuves.» (OVIDE. *L'Art d'aimer*)

4. «Mourir de soif en pleine mer est affreux. Pourquoi mettre tant de sel dans votre vérité qu'elle ne soit même plus bonne à étancher la soif.» (NIETZSCHE, Friedrich. *Par delà le bien et le mal*)

5. «Pour être bref, je te dirai dans le langage des géomètres (...) que ce que l'habillement est à la gymnastique, la cuisine l'est à la médecine, ou plutôt que ce que l'habillement est à la gymnastique, la sophistique l'est à la législation, et que ce que la cuisine est à la médecine, la rhétorique l'est à la justice.» (PLATON. *Gorgias*)

CHAPITRE **11** L'INDUCTION

Le mot «induction» prête à confusion. Il désigne le genre de raisonnement qui supporte un exemple inductif, c'est-à-dire un raisonnement qui, à partir de cas particuliers, conclut à du général. Il désigne aussi la méthode de découverte ou d'invention des lois scientifiques. Bien sûr, la méthode de découverte des lois scientifiques ne se limite pas à un simple raisonnement inductif; il arrive même qu'elle l'ignore complètement. Avant de généraliser, on doit se livrer à un long travail de recherche dans lequel interviennent de multiples raisonnements déductifs, analogiques, etc. Le raisonnement par induction se limite bien souvent à l'utilisation des résultats de cette démarche. C'est le fonctionnement de ce raisonnement et les critères qui permettent d'en juger la validité qui nous préoccupent ici, et non les méthodes par lesquelles les différentes sciences découvrent les lois de la nature.

On apprécie mieux le trésor que constitue le savoir que nous lègue notre civilisation quand on s'arrête à penser au labeur qui l'a produit. «Tous les mammifères ont des poumons.» Cette information, apparemment banale, est le fruit du labeur de centaines de milliers de chercheurs qui ont observé, classifié, disséqué des échantillons de toutes les espèces de mammifères connues. Cette proposition universelle ne peut, en effet, être obtenue que par une induction complète de toutes les espèces connues de mammifères.

On appelle «induction complète» l'opération qui consiste à observer tous les cas d'un phénomène pour en tirer une loi.

On peut, par l'observation de chacun des élèves d'une classe, arriver à la conclusion qu'ils ont tous des poux. De même, grâce à l'étude de chacune des espèces de mammifères, on peut arriver à la conclusion que tous les mammifères ont telle ou telle caractéristique. Ce genre d'induction n'est possible que lorsque les cas sur lesquels elle porte sont dénombrables; on parle alors d'un ensemble clos. Mais les faits et les événements que nous observons ne sont presque jamais des ensembles clos. Si les espèces de mammifères sont dénombrables, les individus au sein des espèces ne le sont pas. Or, l'énoncé «Tous les mammifères ont des poumons» suppose que les énoncés «Tous les chats ont des poumons, toutes les baleines ont des poumons, etc.» sont vrais. Comment prouver que tous les chats ont des poumons? Dans ce cas, l'induction complète n'est pas possible: nous ne pouvons pas observer tous les chats. Pourtant nous sommes tous convaincus que tous les chats ont des poumons. Pourquoi?

À travers les siècles nous avons acquis la conviction que les phénomènes de la nature suivent toujours un cours uniforme. Les mêmes causes produisent les mêmes effets. En physique et en chimie, une seule expérience, si elle a été bien conduite, peut nous permettre de généraliser. En biologie, nous savons que les parents engendrent des petits semblables à eux-mêmes. Les chiens n'engendrent pas de petits chats, ni les éléphants des souris. La morphologie des animaux demeure identique d'une génération à l'autre. Dans ce genre de phénomènes naturels, l'induction complète n'est donc pas nécessaire pour conclure à l'universel: notre croyance dans l'uniformité des phénomènes naturels garantit la généralisation au-delà de ce qu'il nous est possible d'observer. On parle alors d'«induction amplifiante.» L'induction amplifiante n'est possible que lorsqu'un phénomène est régi par les lois de la nature et non par le hasard ou par des décisions humaines. Si on a besoin d'une induction complète pour conclure que tous les élèves d'une classe ont des poux, c'est que le fait d'avoir des poux ou non relève du hasard. En plus, le sujet de cet énoncé (les élèves d'une classe) est un regroupement qui dépend de décisions humaines. De même, le regroupement des différentes espèces de mammifères dépend d'une définition humaine. Il ne nous est pas imposé par la nature comme celui des chats. Pour attribuer une caractéristique commune à l'ensemble des mammifères, il nous faut donc vérifier au préalable si elle vaut pour chacune des espèces.

La distinction entre l'induction complète et l'induction amplifiante peut nous servir de critère pour juger de la validité d'un exemple inductif dont la conclusion est universelle. S'il s'agit d'un cas où l'induction amplifiante est possible, alors le raisonnement qui appuie cet exemple inductif est valide. Si l'induction complète est nécessaire pour atteindre l'universel mais n'est pas possible parce que nous sommes en présence d'un système ouvert, alors l'induction n'est pas valide. Quand l'induction complète est possible, on cherche à trouver des cas contradictoires; lorsqu'on n'en trouve pas, on accepte l'induction comme suffisante jusqu'à preuve du contraire. Si on trouve de nombreux cas contradictoires, l'induction n'est pas valide. Si les cas sont peu nombreux, on les retient à titre d'exceptions: par exemple, tous les mammifères sont vivipares à l'exception des monotrèmes.

Exemples

«Si tu veux réussir une béchamel dont la consistance est homogène: une fois que le beurre est fondu, mélange-le pendant deux minutes à la farine et ajoute par la suite le lait tout d'un coup. C'est ainsi que je fais ma béchamel depuis des années et elle est toujours homogène.» Cette induction est valide. Il s'agit d'une induction amplifiante: les règles de la cuisine reposent sur celles de la chimie. Si l'exemple est vrai, il n'y a aucune raison pour que ce truc ne fonctionne pas.

«Tous les Arméniens sont bons en affaires. Je connais plusieurs Arméniens depuis des années, ils ont tous réussi en affaires.» Cette induction n'est pas valide. L'induction amplifiante n'est pas possible: le regroupement des Arméniens est culturel et la qualité de réussir en affaires n'est pas génétique. L'induction complète n'est pas non plus possible.

Les exemples inductifs ne conduisent pas toujours à l'universel: ils supportent le plus souvent des conclusions particulières ou indéfinies. Un ou deux exemples suffisent, en général, à prouver le particulier vague: «il y a parfois», «quelques», «certains», etc. Quand on est plus précis (la plupart, la majorité, la plupart du temps, etc.), il faut évidemment que l'échantillonnage de l'exemple soit proportionnel à la quantité ou à la fréquence exprimée dans la conclusion. Le traitement des conclusions indéfinies est plus délicat. Les énoncés ayant pour quantificateur les articles «le», «la», «les», «un» sont ambigus. Si quelqu'un soutient: «Les Japonais valorisent l'endurance», veut-il dire: «Tous les Japonais...», «Beaucoup de Japonais...» ou «C'est une caractéristique de la culture japonaise de...»? C'est la signification des exemples qui nous permet ici de décider de la signification de cet énoncé et de la validité des exemples qui le soutiennent. Si ce genre d'énoncé est établi à partir d'exemples portant sur les institutions et les coutumes reconnues de la culture japonaise, cette induction est valide (conclusion collective). Quand on cherche à le prouver à partir du comportement de quelques individus, l'induction n'est pas valide: c'est un cas d'induction complète impossible (conclusion universelle).

Autre exemple: «L'être humain est capable de courir 100 mètres en moins de 10 secondes, quelques sprinters l'ont fait aux Jeux olympiques de Séoul en 1988.» Le contexte nous indique ici que «le» signifie certains: cette induction est valide.

En bref, pour juger de la validité d'une induction, il faut tenir compte non seulement de l'étendue de sa conclusion mais aussi de sa signification. La forme de l'induction ne nous éclaire guère. Les prémisses et la conclusion sont des énoncés parallèles ayant un même prédicat (énoncés attributifs) ou un même conséquent (énoncés conditionnels). De la prémisse à la conclusion, le sujet ou l'antécédent croît en quantité ou par le passage de l'espèce au genre. Ce sont les fondements de l'induction que nous devons garder en mémoire pour juger de la validité d'un exemple inductif. Tous les cas sont-ils observables? S'agit-il d'un processus naturel? Quelle est la signification précise de la conclusion? L'échantillonnage qu'on nous fournit est-il proportionnel à la conclusion?

CHAPITRE **12** LE RAISONNEMENT PAR HOMOLOGIE

On raisonne parfois d'un ou de plusieurs cas à un autre cas semblable. Ce raisonnement est dit «par homologie» parce qu'il porte sur des cas jugés identiques d'un certain point de vue. Vous avez sans doute déjà reconnu le moyen de convaincre que soutient ce genre de raisonnement: le cas similaire.

Le cas similaire appartient à la grande catégorie de moyens de convaincre qu'on nomme les «exemples». Les exemples sont toujours des modèles. Citer quelqu'un en exemple, c'est le présenter comme un modèle à imiter. L'élève qu'un enseignant donne en exemple aux autres élèves est celui qu'il voudrait voir imité par les autres. De même, les cas que l'on fournit dans un exemple inductif sont des cas modèles, des cas représentatifs: on s'attend à ce que les cas non mentionnés imitent les cas donnés en exemple. Le raisonnement par homologie va plus loin dans ce sens. Que les cas cités dans l'exemple soient jugés identiques à ceux de la conclusion n'est qu'une condition de son fonctionnement. Ce qui le fonde, ce qui permet d'en tirer une conclusion, c'est le mimétisme humain, c'est-à-dire la tendance à l'imitation. Comprendre le fonctionnement du raisonnement par homologie se ramène donc à deux questions: qu'est-ce qui est identique? Qu'est-ce qui est imité?

Ce qui est identique, c'est le but poursuivi; ce qui est imité, c'est le moyen pour atteindre ce but. On donne toujours en exemple des cas de réussite ou d'échec par rapport à la réalisation d'un but. Ces buts varient de la simple efficacité technique jusqu'au sens de l'existence humaine ou à l'orientation générale d'une société. Le mimétisme agit de trois façons. Un cas similaire peut nous enjoindre à faire la même chose (modèle à imiter), à faire le contraire (antimodèle à ne pas imiter) ou à faire la même chose ou le contraire à plus forte raison (modèle ou antimodèle par rapport auquel le sujet visé est avantagé ou désavantagé).

Exemples

Modèle: Si tu veux acquérir une certaine sécurité financière, il faut que tu apprennes à faire des économies. Regarde ton oncle Yves. Pendant des années, il a déposé 50$ de sa paie dans un compte d'épargne. Aujourd'hui, il vit à l'aise.

Antimodèle: Si tu veux acquérir une certaine sécurité financière, il faut que tu apprennes à faire des économies. Regarde ton oncle Denis. Il ne s'est jamais mis un sou de côté. Alors qu'il arrive à 50 ans, il est encore endetté.

À plus forte raison: On demande au simple fonctionnaire d'éviter les conflits d'intérêts. Cette mesure s'applique encore plus aux députés et aux ministres dont les pouvoirs et les responsabilités sont très étendus.

L'identité du but poursuivi est la condition qui rend le raisonnement par homologie possible. Le mimétisme en est le fondement. L'imitation n'est possible que dans des situations semblables. La similitude des situations qu'on compare nous sert donc de critère pour juger de la validité d'un raisonnement par homologie. Si l'oncle Yves qui s'est enrichi en faisant des économies a aussi reçu 50000$ en héritage alors que l'auditeur n'a jamais eu d'héritage, l'exemple risque de ne pas être très convaincant.

Le raisonnement par homologie nous permet aussi de comprendre le fonctionnement du contre-exemple. Le contre-exemple est une sorte d'arme universelle qui nous permet d'attaquer la crédibilité des prémisses de n'importe quel raisonnement. On ne doit pas le confondre avec l'antimodèle. L'antimodèle est un exemple à ne pas imiter, le contre-exemple est un cas modèle qui n'imite pas le ou les autres cas du même genre. Un contre-exemple à l'exemple de l'oncle Yves pourrait être: «L'oncle Henri a fait des économies toute sa vie et il n'a même pas encore assez d'argent pour s'acheter une maison.» Ce n'est donc pas uniquement en faisant des économies que j'assurerai ma sécurité financière. Les analogies et les maximes s'appliquent à des cas semblables (qui s'imitent). Les indices reposent sur un ou des cas. Les exemples inductifs sont des cas semblables. Il suffit pour les ébranler d'apporter un seul contre-exemple.

Remarque Les exemples fictifs reposent sur les mêmes genres de raisonnements que les exemples réels: l'induction et le raisonnement par homologie. L'évaluation de leur validité est la même; mais celle de leur crédibilité, que nous étudierons plus loin, est différente.

EXERCICES: INDUCTION ET HOMOLOGIE

1. On doit prononcer «Talbo» et non «Talbotte». Dit-on Brigitte «Bardo» ou Brigitte «Bardotte»?

2. La pollution ne connaît pas de frontière: l'accident de Tchernobyl a pollué plusieurs pays d'Europe, les usines de Detroit aux États-Unis polluent l'Est du Canada.

3. On dit que la cigarette cause le cancer: mon grand-père a fumé toute sa vie, et il est mort dans un accident à 90 ans.

4. Les pommiers de l'Estrie ont produit beaucoup de pommes cette année. Les pommiers des vergers de Compton sont remplis de pommes.

5. Les francophones hors Québec reçoivent des subventions plus élevées que celles versées aux anglophones du Québec. Le gouvernement fédéral doit augmenter les subventions aux associations des anglophones du Québec.

6. La procréation est la seule solution au problème de dénatalité que vit le Québec. S'ils ne se reproduisent pas suffisamment, les Québécois francophones deviendront minoritaires dans leur propre province.

7. Attention à tes rêves! Rappelle-toi la fable *Perrette et le pot au lait*...

8. Les cégeps sont en grande partie responsables de l'enrichissement collectif des Québécois. Si nous n'avions pas institué les cégeps à la fin des années 60, les Québécois constitueraient encore une main-d'œuvre à bon marché pour les compagnies étrangères.

9. Toute personne a des points faibles. Superman lui-même n'est-il pas affaibli par la cryptonite?

10. Si les taux d'intérêt ne cessent pas d'augmenter, nous aurons une nouvelle récession. Il faut que le ministre des Finances mette un terme à ces hausses du loyer de l'argent.

QUATRIÈME PARTIE
L'ÉVALUATION DES ARGUMENTS

CHAPITRE 13 LE MONDE RÉEL ET LE MONDE DES IDÉES

Il n'est pas nécessaire de réfléchir longtemps sur les raisonnements pour se rendre compte qu'ils agissent toujours entre deux pôles: la réalité et les idées. L'induction transforme des faits ou des événements en idées et la déduction applique des idées au réel. L'ennui avec la réalité, c'est qu'elle change toujours. Tout s'use, tout vieillit, tout se transforme. La matière des carottes devient être humain lorsqu'on les consomme. Elle risque de redevenir carotte ou pissenlit après notre mort ou lorsqu'on la rejette. D'après les théories modernes de l'astronomie, les vivants sont de la poussière d'étoiles. Les atomes qui nous composent n'ont pu, semble-t-il, être produits que par l'explosion d'une étoile. À une certaine échelle, tout devient tout. Le monde réel est le royaume du devenir.

Mais si tout devient tout de façon incohérente, la connaissance n'est pas possible. Comment agir de façon efficace dans un monde où tout se décide sur un coup de dés? Chaque événement étant particulier, la connaissance n'y est pas possible. Un fait ne nous informe jamais de la présence d'un autre fait: pas de maxime, pas d'indice... Heureusement, à notre échelle, le monde réel n'est pas si cruel. Nous pouvons à travers le devenir continuel de la réalité déceler certains rapports constants: nous en faisons nos idées. Nos idées sont des rapports qui méritent d'être retenus parce que, d'après nous, ils ne changent pas. Non seulement nos idées sont des rapports, mais elles entretiennent aussi des rapports entre elles. On les organise sous forme de systèmes. L'ensemble de ces systèmes d'idées est pour nous une sorte de monde parallèle où règne la constance. Le monde des idées est le royaume de l'être.

Pour être valide, un argument doit se conformer à ces deux mondes et aux règles des raisonnements. Ce qui nous donne trois critères: la pertinence, la crédibilité et la suffisance. La pertinence est la concordance avec les systèmes d'idées; la crédibilité, la concordance avec la réalité; et la suffisance, la conformité avec les règles du raisonnement.

CHAPITRE 14 LA PERTINENCE

Si un ami vous disait: «La preuve que le gouvernement Bourassa administre bien la province, c'est que les Canadiens ont gagné la coupe Stanley pendant son mandat», vous lui répondriez probablement: «Ça n'a aucun rapport.» Ce qui revient à dire: «Ton argument n'est pas pertinent; il ne convient pas à la thèse que tu soutiens.» Le rapport entre un club de hockey et le gouvernement d'une province n'est pas une idée établie dans le système d'idées de notre société. Il y a peut-être un rapport que nous ne connaissons pas et que l'orateur connaît. Il lui faut alors en faire la preuve avant de l'utiliser comme argument. Les nouveaux rapports ne peuvent servir d'arguments qu'à la condition d'avoir été prouvés au moyen de rapports déjà admis. Pour déterminer si un argument est pertinent ou non, il faut donc se poser la question: «L'argument convient-il à cette thèse, y a-t-il un rapport généralement admis entre les deux?»

Nous connaissons déjà deux cas de non-pertinence, il s'agit des sophismes portant sur la signification des termes: la pétition de principe et l'équivoque verbale. La pétition de principe n'est pas pertinente non pas parce qu'on y fait appel à un rapport qui n'est pas généralement admis, mais parce qu'on n'y utilise aucun rapport. On y présente comme un rapport ce qui est la même idée ou on fournit un rapport qui tourne en rond, et dans ce cas on parle d'un cercle vicieux: «Les avocats sont tous malhonnêtes parce que quand un avocat prend ta cause en main, tu es certain qu'il va te voler.» Dans ce raisonnement, la vérité de la prémisse repose sur celle de la conclusion. La conclusion soutient la prémisse et la prémisse soutient la conclusion; c'est ce qu'on appelle un «cercle vicieux». Quant à l'équivoque verbale, le changement de sens des termes détruit le rapport. Il n'est pas nécessaire de mettre un raisonnement en forme pour découvrir une équivoque verbale, il suffit d'être attentif au sens des termes. L'exemple qui suit contient une équivoque subtile, quelle est-elle?

> «Les Canadiens vont recevoir une offre qu'ils devraient tous refuser. Les gouvernements successifs, libéral et conservateur, nous ont répété que Petro-Canada nous appartenait; maintenant, on va nous demander d'acheter des actions de... notre compagnie! Pensons-y, elle pourrait nous appartenir deux fois au lieu d'une! (C.B.)» (*La Tribune*, Sherbrooke, 9 octobre 1985)

Cet argument tire sa force du ridicule. Comment une chose peut-elle nous appartenir deux fois? Il est ridicule d'acheter ce qui nous appartient. Cet effet est obtenu parce que l'orateur utilise le verbe «appartenir» en trois sens différents. Dans un premier temps, «appartenir» signifie «posséder collectivement une société d'État»; dans un deuxième temps, il signifie «être actionnaire d'une compagnie». Enfin, lorsque l'orateur dit: «elle pourrait nous appartenir deux fois», il utilise le mot «appartenir» au sens de «posséder personnellement». Comme ce dernier sens n'a rien à voir avec ce qui est en question, son argument n'est pas du tout pertinent.

Dans les convictions antérieures, c'est la maxime (la majeure) qui exprime le rapport que nous jugeons. Malheureusement, la plupart des arguments qu'on nous apporte sont des indices. Pour juger de la pertinence de ces indices, il nous faut d'abord trouver les termes (ou les énoncés pour les syllogismes hypothétiques) de la maxime et se demander s'il y a un rapport entre eux. Par exemple, dans une revue, une animatrice bien connue soutenait ceci: «Les femmes qui aiment bien manger sont plus sensuelles. Toutes les obèses que j'ai interviewées n'avaient aucun problème avec leur partenaire sexuel.» Des étudiants auxquels on demandait de juger de la pertinence de cet argument répondirent: «Cet argument n'est pas pertinent parce qu'il n'y a aucun rapport entre le fait d'être obèse et celui d'être sensuel.» Cette réponse est mauvaise car elle juge le rapport exprimé dans la thèse. La question de la pertinence de l'argument de l'animatrice se pose comme ceci: «Le fait de ne pas avoir de problème avec son partenaire sexuel a-t-il un rapport avec le fait d'être plus sensuel?» C'est toujours sur l'argument que doit porter l'évaluation. L'argument est à la thèse ce qu'une racine est à une fleur. Il ne sert à rien d'arracher la fleur d'un pissenlit, il en poussera toujours une nouvelle. C'est à la racine qu'on doit s'attaquer pour s'en débarrasser. De même, une thèse survivra tant qu'on n'aura pas démoli l'argument.

Quand l'argument est un exemple inductif, on ne doit évidemment pas en chercher la maxime: il n'y en a pas. Un exemple réel ou fictif est pertinent quand le cas qu'il fournit est du même genre (similitude) que celui ou ceux de la thèse. Cette condition se comprend facilement. L'induction introduit un nouveau rapport constant dans notre système d'idées. Pour être significatif, ce nouveau rapport constant doit dépendre d'un autre rapport constant qui le définit, le situe dans le système d'idées. Par exemple, je constate que le téléphone, le ciel et les yeux de ma blonde possèdent une caractéristique commune: ils sont tous bleus. Que puis-je tirer de cette constante? Rien, ces événements n'appartiennent pas à un même genre. Pour être admis au royaume de l'être, il faut être parrainé par un vieux membre...

En ce qui concerne le cas similaire, il faut ajouter à cette identité de genre celle du but poursuivi. Un cas similaire est donc pertinent quand les sujets ou les événements sont du même genre et poursuivent un même but dans la prémisse et dans la conclusion.

Enfin, une analogie est pertinente quand nous jugeons que le rapport qu'elle exprime est identique dans les deux domaines où elle l'énonce. Cette condition se comprend bien, elle aussi. En appliquant un rapport admis à un domaine où il ne l'était pas, l'analogie étend le champ d'application d'un même rapport. La valeur de constance du rapport n'est conservée qu'à la condition que ce soit le même rapport. Pour poursuivre la métaphore du royaume de l'être, on pourrait dire qu'il s'agit d'un vieux membre qui accroît son influence.

CHAPITRE **15** LA CRÉDIBILITÉ

Si quelqu'un vous dit que les chats ont trois pattes, vous lui objecterez que son affirmation est fausse. Vous avez été à même d'observer à maintes reprises que les chats dans leur état naturel ont quatre pattes. Vous le savez déjà: le critère au moyen duquel on juge de la concordance avec la réalité se nomme «vérité». Alors, pourquoi présentons-nous la crédibilité au lieu de la vérité comme critère de concordance avec la réalité? C'est simplement que le critère de vérité est beaucoup trop étroit pour nos besoins. Nous considérons comme vrai l'énoncé: «L'ornithorynque a des poumons.» Mais qui d'entre nous a déjà eu l'occasion de disséquer un ornithorynque? En fait, nous avons de bonnes raisons de croire que cet énoncé concorde avec la réalité, mais il ne nous est pas possible d'y appliquer nous-mêmes le critère de vérité. Il en va de même de la très grande majorité des énoncés que nous considérons comme vrais. Quand nous jugeons de la concordance avec le réel, c'est le plus souvent à des critères de croyance que nous devons faire appel. La question «Est-il vrai que...?» devient alors «Dois-je croire que...?», «Dois-je accepter cet argument?» En utilisant le critère de crédibilité plutôt que celui de vérité, nous déplaçons la simple question de la concordance avec la réalité qui nous est le plus souvent inaccessible vers celle de l'assentiment que nous devons donner à un argument. Cette façon de voir, qui nous semble plus conforme à la démarche réelle que nous faisons quand nous nous questionnons sur la concordance d'un énoncé avec la réalité, comporte un autre avantage.

Le critère de vérité, de concordance avec la réalité, convient particulièrement bien à des énoncés exprimant des faits ou des événements: «La ville de Québec est située sur les rives du Saint-Laurent», «Les jeux Olympiques de 1988 eurent lieu à Séoul», etc. Nous nommons ce genre d'énoncés des «*énoncés de fait*». Notre assentiment à leur égard ne dépend que de ce que nous croyons qu'ils concordent avec la réalité. Peut-on en dire autant de l'énoncé suivant: «Les maringouins sont des animaux nuisibles?» Il s'agit d'un *énoncé de valeur*. Notre assentiment à cet énoncé dépend d'abord de l'acceptation des critères de ce qui est nuisible ou non; et, seulement par la suite, de la concordance de la réalité avec ces critères. On ne doit pas confondre les énoncés de valeur et les énoncés de préférence. Les *énoncés de préférence* expriment un goût personnel. Leur crédibilité repose sur la sincérité du sujet. L'énoncé «Je préfère le goût des bananes à celui des fraises» ne se discute pas parce que, contrairement aux énoncés de valeur, il ne s'appuie pas sur des critères dont on peut vérifier l'application. L'assentiment à un énoncé normatif (énoncé qui exprime un devoir, une norme) déborde lui aussi le critère de la concordance avec la réalité: «Tous les fumeurs devraient cesser de fumer.» Premièrement, cet énoncé repose sur un énoncé de valeur, «Le tabac est mauvais pour la santé», dont on doit examiner les critères et la concordance avec le réel. En plus, quand on considère un énoncé normatif comme vrai, c'est qu'on partage le but poursuivi, ici la santé. Ce but semble s'imposer de lui-même mais certaines gens sont prêts à sacrifier leur santé pour une cause qui leur semble plus importante. Le philosophe Jean-Paul Sartre, à qui le journaliste Michel Contat faisait remarquer qu'il détruisait sa santé par l'usage du tabac, du café et autres stimulants, répondit: «La santé, pourquoi?»

Il existe un genre de moyens de convaincre dont nous n'avons pas parlé jusqu'ici. Il s'agit des arguments qui consistent à faire appel aux qualités et défauts d'une personne pour soutenir ou infirmer ce qu'elle dit. Nous les nommons «argument d'autorité» et «attaque contre la personne».

Les arguments d'autorité consistent, comme leur nom l'indique, à fonder la crédibilité d'une conclusion sur l'autorité d'une personne, d'un livre ou d'une institution. Par exemple: «Il faut s'aimer les uns les autres car c'est là le message du Christ.» Lorsqu'on fait appel à une personne pour défendre une opinion, on le fait en fonction de certaines qualités de cette personne: sa compétence, son expérience, voire même son innocence. Il faut alors se demander si ces qualités sont susceptibles d'investir cette personne de l'autorité qu'on lui accorde. Il faut aussi s'assurer que cette personne jouit vraiment des qualités qu'on lui prête. Pour ce qui est des livres et institutions, ceux-ci participent généralement à une idéologie. Ils nous convaincront selon que nous adhérons ou non à celle-ci. Par exemple, appuyer une conclusion sur l'autorité de la Bible sera convaincant pour un chrétien pratiquant, mais pas pour un athée. En science, l'argument d'autorité n'est pas admis; mais dans la vie quotidienne, on est souvent forcé d'y recourir. Comment vérifier la crédibilité de l'affirmation d'un médecin qui vous dit que votre enfant souffre d'un purpura anaphylactoïde?

Le contraire de l'argument d'autorité s'appelle l'«attaque contre la personne». Il consiste à mettre en doute la crédibilité d'un énoncé en attaquant celui ou celle qui le soutient. Par exemple, vous vous plaignez à un enseignant d'avoir trop de travaux à faire à la maison. Il vous répond: «Ce n'est pas vrai que vous avez trop de travaux à faire à la maison, vous dites cela parce que vous êtes paresseux.» Plutôt que de considérer ce qui est vraiment en question (quantité de travail, temps disponible, etc.), il vous attaque en soutenant que votre énoncé ne relève pas de la réalité mais de votre paresse. Il met en doute la crédibilité de votre énoncé en se référant à ce qu'il croit être un de vos défauts. Les attaques contre la personne sont légitimes quand on n'a pas d'autres moyens de vérifier un énoncé et que la sincérité de l'orateur nous semble louche. Dans les tribunaux, par exemple, on rejette souvent le témoignage de criminels notoires.

En résumé, la manière d'évaluer la crédibilité d'un argument varie selon que cet argument est un énoncé de fait, un énoncé de valeur, un énoncé de préférence, un énoncé normatif, un argument d'autorité ou une attaque contre la personne. Selon le genre d'énoncé auquel nous avons affaire, bien des aspects différents entrent en ligne de compte. Il est plus facile de tenir compte de tous ces aspects quand nous posons à l'envers la question de la crédibilité. Il est préférable de se poser la question «Ai-je des raisons de douter de cet énoncé?» plutôt que la question «Est-ce que je crois en cet énoncé?» On fera alors intuitivement le tour des aspects importants: l'énoncé entre-t-il en contradiction avec certaines informations que nous possédons? Dans le cas où nous connaissons l'orateur, est-il habituellement honnête dans les informations qu'il communique? Le ton du discours inspire-t-il confiance? (Certains discours sentent la propagande...) Fait-on appel à des valeurs qui concordent avec les nôtres ou à celles généralement acceptées dans notre société? Lorsqu'on répond à toutes ces questions et à d'autres semblables par l'affirmative, on peut considérer que l'énoncé est crédible. Dans le cas contraire, il ne faut surtout pas s'empresser de conclure que l'autre a tort et que nous avons raison: le fait d'avoir des raisons de mettre un énoncé en doute n'en prouve pas la fausseté... Pour prouver la fausseté d'un argument, nous devons fournir notre propre argumentation conduisant à une thèse qui contredit cet argument.

Tout ce qui précède vaut pour les convictions antérieures, les analogies et les exemples réels. Mais, me direz-vous, les exemples réels ne sont-ils pas toujours des faits? Oui, mais la description des faits est parfois tellement tendancieuse qu'il faut la classer parmi les énoncés de valeur. Parmi les exemples réels, il faut se méfier particulièrement des cas similaires: ils font toujours appel à des valeurs ou à des buts sans les mentionner. Quand le cas modèle est en lui-même mauvais, il ne peut servir à justifier un autre cas semblable. Par exemple, le fait que les avions de chasse de l'U.R.S.S. aient abattu un avion civil ne justifie pas les Américains d'en faire autant. Que quelqu'un ait posé une action aussi mauvaise ou pire que la nôtre ne rend pas notre action bonne. Cette attitude qui consiste à essayer de s'innocenter en faisant valoir que d'autres ont déjà fait pire ou la même chose que nous est pourtant fréquente.

Par rapport au critère de crédibilité, les exemples fictifs posent un problème spécial. Dans la mesure où ils sont fictifs, ne sont-ils pas toujours faux ou invérifiables? Alors, comment juger de leur crédibilité? Bien qu'il ne soit pas réel, l'exemple fictif doit tenir compte du cours habituel des choses pour être crédible. Par exemple, dans son livre intitulé *Biologie et structure*, Henri Laborit soutient que les hommes de demain se reproduiront de manière artificielle, en dehors de l'utérus de leur mère. Son raisonnement est le suivant: en inventant la pilule anticonceptionnelle, on a donné la possibilité aux femmes de ne pas avoir d'enfant. Comme il est à prévoir que certaines femmes profiteront de cette possibilité, on risque d'aboutir à une division des femmes au sein de la société: les reproductrices et les travailleuses. Si les reproductrices ne sont pas en nombre suffisant pour assurer la continuité de l'espèce humaine, il faudra prévoir un service maternel obligatoire. Comme toutes ces conséquences sont indésirables, «il est plus simple de penser que l'homme de demain se reproduira ex-utero» (c'est-à-dire en dehors de l'utérus). Les prédictions sur lesquelles Laborit appuie sa thèse (qui est elle aussi une prédiction) ne sont pas crédibles parce qu'il oublie une option importante que la réalité permet: les mêmes femmes peuvent utiliser la pilule pour avoir moins d'enfants et demeurer sur le marché du travail. On sait maintenant, 25 ans plus tard, que c'est précisément cette option oubliée qui a été la plus retenue par les femmes.

CHAPITRE **16** LA SUFFISANCE

Quand un argument est assez fort pour entraîner la thèse, nous disons qu'il est suffisant. Cela veut dire que sa force est assez grande. Mais qu'est-ce que la force d'un argument? La force d'un argument est son aptitude à répondre aux exigences du genre de raisonnement auquel il fait appel. Nous avons déjà étudié ces exigences, elles relèvent en grande partie de ce que nous avons appelé le «fondement d'un raisonnement». Ce qui fonde la déduction, c'est la distributivité de l'universel. Dans les syllogismes catégoriques, on sait que le terme qui fait le lien (moyen terme) doit être universel. Dans les syllogismes composés, la majeure doit être universelle: il ne faut pas qu'il soit possible que l'antécédent soit vrai et le conséquent faux. On sait aussi qu'aucun terme d'une déduction ne doit être plus général dans la conclusion que dans les prémisses. Quand l'une de ces conditions n'est pas remplie, l'argument n'est pas assez fort pour permettre la déduction. De même, une analogie n'est pas assez forte quand on en tire une conclusion morale sans faire appel à d'autres raisonnements. Un exemple inductif n'est pas assez fort pour conclure à l'universel quand l'induction complète et l'induction amplifiante n'y sont pas possibles. Il n'est pas assez fort pour conclure à du particulier quand l'échantillon donné dans la prémisse n'est pas proportionnel à la quantité énoncée dans la conclusion. Un cas similaire n'est pas assez fort quand des circonstances significatives ne sont pas les mêmes dans la prémisse et dans la conclusion.

Tout cela a déjà été vu dans l'étude du raisonnement, mais de façon simplifiée par rapport aux nuances possibles de la langue française. Des mots comme «toujours», «jamais», «nécessairement», etc., expriment l'universel; des mots comme «parfois», «quelquefois», «peut-être», etc., expriment du particulier. Il faut évidemment en tenir compte dans les déductions et les inductions. Il faut aussi tenir compte du degré de certitude exprimé: certainement, sûrement, peut-être, etc. Une conclusion ne peut évidemment être plus certaine que les prémisses qui la soutiennent. Enfin, il nous faut aussi tenir compte de la relation entre les arguments. Cette dernière condition demande un développement plus long.

Jusqu'ici, dans tous les exemples et exercices sur l'argumentation, nous nous sommes peu préoccupés des relations entre les arguments. Il est bien rare qu'on fasse appel à un seul argument, on invoque généralement plusieurs arguments à l'appui d'une même thèse. Il peut arriver que deux arguments pris séparément ne soient pas suffisants pour soutenir une thèse mais que réunis, ils le soient. Nous devons donc étudier les relations entre les arguments pour juger de leur suffisance.

Pour commencer, rappelons notre vocabulaire. Nous appelons «argumentation» l'ensemble d'un discours visant à convaincre. Celle-ci comprend un ou plusieurs raisonnements dont les parties se nomment «prémisses» et «conclusions». Nous appelons «thèse» la conclusion finale d'une argumentation. Les arguments et la thèse sont en quelque sorte les éléments d'une argumentation à laquelle le ou les raisonnements servent de structure. Le lien qui rattache une prémisse à une conclusion est indispensable pour qu'il y ait raisonnement, nous le symboliserons ainsi: →.

Lorsque nous ne sommes pas certains des convictions de notre auditoire, ou lorsque celui-ci est composé de nombreuses personnes susceptibles d'avoir des opinions différentes, nous avons tendance à utiliser plusieurs arguments afin d'accroître nos chances de tomber sur un argument efficace. Nous obtenons alors un discours dans lequel des arguments complètement indépendants visent une même thèse. Supposons qu'un détective désire être chargé d'une enquête particulière. Il pourrait s'adresser à son patron en ces termes:

> «Monsieur le Directeur, si je désire être chargé de cette enquête (T), c'est d'abord parce que le crime a eu lieu dans mon district (A1), c'est aussi parce que j'ai reçu une formation spécialisée dans l'élucidation de cette sorte de crime (A2), c'est enfin parce que ce genre de cause m'intéresse particulièrement (A3).»

(A = Argument   T = Thèse)

Nous symboliserons cette relation de la façon suivante: A1 ou A2 ou A3 → T.

La préoccupation de l'orateur pourrait s'interpréter comme suit. À quelle sorte d'argument le directeur est-il le plus sensible: à l'application stricte des règles administratives (A1), à la compétence de son personnel (A2) ou à sa motivation (A3)? Ne pouvant répondre à cette question, le détective choisit d'invoquer ces trois types d'arguments afin d'être plus sûr de tomber juste. L'orateur peut aussi espérer que l'accumulation d'arguments convergents renforcera son argumentation. Si chacun des arguments, pris isolément, ne suffit pas à convaincre son patron, leur nombre le fera peut-être. Mais il s'agit là d'un effet psychologique de persuasion. La suffisance de chacun des arguments doit être évaluée séparément. En revanche, il suffit que l'un d'entre eux soit pertinent, crédible et suffisant pour que la thèse suive.

Analysons maintenant l'exemple suivant:

«Monsieur le Directeur, le règlement de notre institution stipule que lorsqu'un crime est commis dans le district d'un détective, celui-ci doit être chargé de l'enquête à moins que le genre de crime commis ne déborde sa compétence (A1). Or, ma formation spécialisée dans ce genre d'enquête m'assure de cette compétence (A2), et le crime fut commis dans mon district (A3). Je vous demande donc de me charger de cette enquête (T).

Vous avez sans doute reconnu les arguments A1 et A2 de l'exemple précédent. Ils sont développés cette fois-ci d'une manière différente. Il s'agit là d'un cas où l'orateur nous fournit à la fois la maxime (A1) et les indices (A2 et A3) d'un même argument. Ces trois énoncés sont donc finalement les parties d'un même raisonnement, mais pour en faciliter l'analyse nous leur attribuons des symboles différents. Ce qu'il importe de remarquer, c'est que la thèse ne provient pas de l'un ou l'autre de ces énoncés mais de leur conjonction. Nous symboliserons cette relation de la façon suivante: A1 et A2 et A3 → T. Dans ce cas, aucun des arguments pris séparément ne suffit à soutenir la thèse, seule leur conjonction peut le faire. Il faut donc qu'ils soient tous pertinents et crédibles pour que la thèse suive.

Reprenons le même exemple énoncé différemment:

«Monsieur le Directeur, la compétence devrait être le premier critère dans le choix d'un enquêteur (A1), parce que c'est de cette qualité d'un enquêteur que dépend avant tout la réussite d'une enquête (SA1). Or, ma formation spécialisée dans ce genre de crime m'assure cette compétence (A2). Je vous demande donc de me charger de cette enquête (T).»

Certaines opinions demandent parfois à être justifiées. C'est ce qui se produit ici: SA1 est l'argument de A1, qui à son tour fait partie de l'argument qui soutient T. La conclusion d'un premier raisonnement devient la prémisse de l'autre; c'est ce que nous appelons l'«enchaînement des raisonnements». Il se schématise comme suit:

SA1 → A1
A1 et A2 → T

La notation «SA» signifie «sous-argument». Pour éviter toute confusion, nous réserverons le terme «argument» pour identifier les prémisses de la thèse. Nous nommerons «sous-argument» les moyens de convaincre qui servent de prémisses à des arguments ou d'autres sous-arguments. Pour analyser correctement un texte, il faut d'abord en découvrir la thèse, ensuite trouver les arguments qui soutiennent immédiatement cette thèse et finalement identifier les sous-arguments qui soutiennent ces arguments quand il y a lieu.

Il est bien connu qu'une chaîne n'a pas plus de force que le plus faible de ses maillons. Il en va de même d'un enchaînement de raisonnements: si un seul des arguments ou sous-arguments est déficient, l'argumentation au complet s'écroule.

Attention! Les conjonctions que nous avons énumérées au chapitre précédent (parce que, puisque, car, donc, etc.) annoncent des prémisses ou des conclusions. Un argument ou un sous-argument peuvent être précédés de l'une ou l'autre de ces conjonctions au sein d'une longue argumentation puisqu'ils peuvent être à la fois la conclusion d'un raisonnement et la prémisse d'un autre. Pour trouver les arguments d'une thèse, il faut donc nécessairement se référer au sens. Par rapport à une thèse, il faut se demander au moyen de quelles raisons l'auteur soutient cette thèse. Quand un argument comporte des sous-arguments, on considère cet argument comme une thèse intermédiaire et on procède de la même manière.

ÉTAPES À SUIVRE POUR CONSTRUIRE UN SCHÉMA

1re étape Trouvez la thèse et énoncez-la avec le plus de précision possible. Il est très important à cette étape de retenir toutes les nuances qu'un orateur ajoute parfois à sa thèse. Par exemple, si un orateur soutient: «Lorsque notre vie est en jeu, la fin justifie les moyens», il ne faut pas retenir comme thèse uniquement: «la fin justifie les moyens». Lorsque la thèse est énoncée explicitement dans le texte, on l'identifie au moyen d'un «T», si elle est implicite on la reformule par écrit.

2ᵉ étape   Trouvez les arguments, c'est-à-dire les énoncés qui soutiennent immédiatement la thèse, et identifiez-les au moyen de la lettre A. Lorsqu'il y en a plusieurs, numérotez-les: A1, A2, A3, etc.

3ᵉ étape   Trouvez les sous-arguments, c'est-à-dire les énoncés qui soutiennent des arguments ou d'autres sous-arguments, et identifiez-les au moyen des lettres SA.

N.B. On parle ici des «énoncés», mais il s'agit souvent d'un groupe d'énoncés. On constate parfois des redondances, l'auteur reformule alors la même idée pour s'assurer d'être bien compris. On trouve aussi des explications, des définitions, des récits; il faut alors évaluer dans quelle mesure ces stratégies littéraires soutiennent l'argumentation: si elles ne font qu'aider à la compréhension mais n'apportent rien de nouveau, on les oublie; si elles apportent des éléments nouveaux susceptibles d'affecter la thèse, on les identifie au moyen d'un A ou d'un SA.

4ᵉ étape   Établissez les relations entre les différentes composantes de l'argumentation et identifiez-les au moyen du symbole qui les représente: et, ou, →. Placez dans l'ordre les enchaînements de raisonnements, vous obtiendrez ainsi un schéma du cheminement de l'argumentation.

EXERCICES

I

Les énoncés qui suivent sont des évaluations d'arguments imaginaires. Indiquez à quel critère ils se réfèrent: la pertinence, la crédibilité ou la suffisance.

   1. Cet argument me semble faux.

   2. Je ne partage pas les valeurs exprimées dans cet argument.

   3. Cet argument n'a rien à voir avec la conclusion.

4. Le fait d'avoir des boutons ne prouve pas qu'on a la syphilis.

5. Il y a dans cet argument un mot qui change de sens.

6. L'argument ne fait que répéter la conclusion.

7. L'argument porte sur quelques soldats et la conclusion sur tous les soldats.

8. L'argument soutient que les pneus de cette automobile sont usés; il ne s'ensuit pas que c'est un mauvais achat.

9. Je ne crois pas, comme le veut l'argument, que de préparer la guerre soit le meilleur moyen d'obtenir la paix.

10. Je ne vois pas comment la hausse du prix de la bière aurait pu entraîner la victoire du club Les Canadiens.

11. Le témoignage sur lequel repose cet argument ne me semble pas digne de confiance parce que le témoin a tout intérêt à mentir.

12. Même si Lise se maquille beaucoup et porte des jupes courtes, ça ne prouve pas qu'elle est une prostituée.

13. Le mot «descendre» est pris dans deux sens différents.

14. L'argument présuppose la conclusion.

II

Quels sont les arguments et les sous-arguments du texte suivant? Sont-ils en convergence ou en conjonction? Construisez le schéma de cette argumentation.

POURQUOI NE PAS ÉCHANGER CHRIS NILAN?

«MONTRÉAL (PC) - Pourquoi ne pas échanger Chris Nilan?

«En tout cas, ce ne sont pas les arguments qui manquent.

«D'abord, et c'est peut-être le plus important, sa valeur marchande ne sera jamais plus élevée qu'actuellement: il a déjà 28 ans, et il vient de connaître ses trois meilleures, en fait ses trois seules bonnes saisons en attaque, des campagnes de 16, 21 et 19 buts. Le trio qu'il compose avec Guy Carbonneau et, normalement, Bob Gainey est réputé à travers la Ligue nationale... même à Québec. De plus, il gagne encore la plupart de ses combats.

«Si on a pu obtenir un deuxième choix pour Tom Kurvers, il doit être possible de négocier un bon échange dans le cas d'un joueur comme Nilan, que ne doit pas détester un John Ferguson par exemple.

«Mais pourquoi échanger Nilan?

«Évidemment pas pour la seule raison qu'il n'aura jamais plus autant de valeur, ce qui est vrai pour bien d'autres.

«Le Canadien devrait échanger Nilan parce qu'il semble devenu une pomme pourrie et qu'il n'est plus indispensable.

«Pomme pourrie, par son comportement connu, par ses écarts de conduite et de langage sur et hors de la patinoire. Il nuit à l'équipe au niveau du jeu proprement dit (n'a-t-il pas entraîné la suspension de trois matches au pacifique Ryan Walter? - trois défaites...), ainsi qu'à celui de l'esprit de corps et de l'image. C'est beaucoup.

«Si vous croyez que les journalistes qui suivent régulièrement le Canadien s'acharnent sur ''le pauvre Nilan'' dans leurs écrits, vous devriez entendre ce qu'ils disent dans le particulier de ce hockeyeur, qui se permet de contester ouvertement l'autorité de ses employeurs comme même peu de supervedettes ont osé le faire.

«Et Nilan n'est plus indispensable.

«C'est vrai qu'il a déjà eu un rôle essentiel de défenseur de la veuve et l'opprimé au sein de l'équipe. Mais le Canadien est devenu l'équipe la plus pesante de la Ligue nationale et compte sur un nombre imposant de batailleurs et boxeurs, qui sont de meilleurs joueurs de hockey, plus jeunes, et des individus plus disciplinés que Nilan. Les nouveaux gladiateurs du Forum n'ont pas eu besoin de lui pour planter les joueurs des Canucks de Vancouver lors d'une mêlée générale plus tôt cette saison.

«Si le Canadien a déjà laissé partir Doug Harvey, Bernard Geoffrion, Pierre Larouche... et Guy Lafleur, il peut bien se passer de Chris Nilan.» (Guy Robillard, *La Tribune*, Sherbrooke, le 28 novembre 1986)

III

Quels sont les arguments et les sous-arguments du texte suivant? Sont-ils en convergence ou en conjonction? Construisez le schéma de cette argumentation.

DES PAUVRES SUR PAPIER

(...) «Sur papier, les étudiants sont pauvres, mais la plupart du temps cela n'a rien de dramatique.

«Tout d'abord, les étudiants sont jeunes. Les inconforts de la vie quotidienne auxquels ils font face ne les affectent pas de la même façon. Bien sûr, ils mangent peut-être du spaghetti plus souvent qu'à leur tour, doivent partager leur logement, n'ont pas toujours de sommier avec leur matelas, sont parfois obligés de faire du pouce. Ce n'est pas bien grave.

«Ça le devient quand c'est une mère et ses deux enfants qui ont ce problème, ou encore une vieille dame qui souffre d'arthrite. Bref, il faut garder le sens des proportions.

«En outre, la "pauvreté" statistique que vivent les étudiants est tempérée par deux autres facteurs. Tout d'abord, un étudiant a des connaissances et des ressources dont ne dispose pas une famille de bénéficiaires de l'aide sociale, par exemple sur le plan de l'alimentation et de la diététique.

«Mais surtout, l'indigence des étudiants est d'habitude temporaire. La plupart du temps, l'ère des "beurrées de beurre de pinottes" ne dure que quelques années. Après, il y a une job, qui n'est pas au salaire minimum.

«S'il y a problème, ce n'est pas quand les étudiants vivent sous le seuil de la pauvreté, mais quand ils n'ont pas de débouchés une fois sur le marché du travail. C'est là qu'il faut concentrer les énergies et mener le combat.» (Alain Dubuc, *La Presse*, 29 octobre 1986)

IV

Évaluez les argumentations suivantes au moyen des critères de pertinence, de crédibilité et de suffisance.

1. Tout le monde le fait, fais-le donc.

2. Je ne suis pas entré tard à la maison hier soir, tu dis ça parce que tu t'es levé du mauvais pied.

3. «Le nombre de ceux qui écrivent s'est beaucoup multiplié, alors que la population a peu augmenté. À l'époque, on avait une douzaine d'écrivains valables sur 50 qui publiaient; aujourd'hui il y en a à peine plus, mais sur 400 membres homologués de l'Union des écrivains! Cela veut dire que les bons écrivains sont dans une société un pourcentage de la population et non un pourcentage de ceux qui écrivent.» (GODBOUT, Jacques. *L'Actualité*, novembre 1985)

4. «Vous pensez qu'il faut informer les patients? demande le Dr XX. Allez donc dire à quelqu'un qu'il a un cancer et qu'il est en train de pourrir par en dedans. Vous voulez que je leur dise: Bonjour, Madame, vous allez mourir dans trois mois, et que je ferme la porte? Pour qu'ils meurent en pleurant? (*L'Actualité*, novembre 1985)

5. La preuve que les Canadiens mangent trop, c'est qu'ils consacrent 20 % de leurs revenus à leur alimentation, alors que dans d'autres pays on n'y consacre que 10 %.

6. «Les manoeuvres de réanimation sont souvent pénibles et rebutent médecins et infirmières. ''C'est comme un viol, raconte XX. Une demi-douzaine de personnes se jettent sur le patient: on intube, on masse, on cogne, on fait des trous partout. Ça craque et ça fait des bruits affreux. C'est très violent. C'est pour ça qu'il faut être sûr que ça vaille la peine. Il y a des médecins et des infirmières qui réaniment tout le monde sans se poser de questions. Ils réanimeraient même une planche à pain!''» (*L'Actualité*, novembre 1985)

7. «Un des cas les plus aberrants et les plus spectaculaires de destruction absurde d'une richesse collective est le massacre des baleines; toutes les espèces de ce mammifère se raréfient et risquent de disparaître. L'effectif de la baleine bleue (...) n'est plus que de 3000, alors qu'il dépassait 40000 il y a un siècle.» (JACQUARD, Albert. *Au péril de la science*)

8. Combien d'épouses et de mères, qui travaillent hors de chez elles, continueraient à le faire si le salaire qu'elles touchent ne leur était pas nécessaire? Rares sont les femmes qui, aux soins du ménage, préfèrent la monotonie d'un emploi à l'horaire rigide. Pour vous en convaincre, interrogez celles qui sont obligées de travailler...

Récemment, on questionnait des femmes au cours d'un sondage à ce sujet, 71 % ont reconnu que «prendre soin du foyer et des enfants procurait plus de satisfaction qu'un emploi».

9. Qui proteste contre le système pénitentiaire canadien? Ceux qui sont actuellement en prison. On ne doit pas prendre cette critique au sérieux.

10. «La raison seule nous apprend à connaître le bien et le mal. La conscience qui nous fait aimer l'un et haïr l'au-

tre, quoique indépendante de la raison, ne peut donc se développer sans elle. Avant l'âge de raison, nous faisons le bien et le mal sans le connaître; et il n'y a point de moralité dans nos actions, quoiqu'il y en ait quelquefois dans le sentiment des actions d'autrui qui ont rapport à nous. Un enfant veut déranger tout ce qu'il voit: il casse, il brise tout ce qu'il peut atteindre; il empoigne un oiseau comme il empoignerait une pierre, et l'étouffe sans savoir ce qu'il fait.» (ROUSSEAU, Jean-Jacques. *Émile ou De l'éducation*)

CINQUIÈME PARTIE

LA CONCEPTION
D'UNE ARGUMENTATION

CHAPITRE **17** RHÉTORIQUE OU DIALECTIQUE?

Nous avons maintenant terminé l'étude des aspects techniques de l'argumentation. Ces aspects techniques peuvent se comparer aux règles d'un jeu. En théorie, tous les joueurs sont tenus de les respecter; en pratique, on sait bien que certains joueurs trichent. D'autres, tout en respectant techniquement les règles du jeu, font intervenir des éléments passionnels susceptibles de faire commettre des erreurs de jugement à leur adversaire. Certains joueurs d'échecs, par exemple, accompagnent leurs coups de commentaires, de gloussements, d'interjections, etc., dans le but d'intimider leur adversaire. On peut accepter de semblables pratiques de part et d'autre, mais il faut admettre que, à strictement parler, on ne joue pas vraiment aux échecs. Tout dépend de l'enjeu. Quand seule la victoire importe, on admet quelques accrocs aux règlements. N'admire-t-on pas parfois la ruse d'un joueur qui a su tricher sans se faire prendre? Si le plaisir du jeu importe plus que la victoire, alors ces petits accrocs en annulent complètement l'intérêt.

Cette analogie avec le jeu nous aidera maintenant à comprendre les enjeux du discours argumentatif. De même qu'il y a deux manières de jouer aux échecs, de même il y a deux manières d'argumenter. On peut viser la victoire avant tout, c'est-à-dire l'adhésion de notre auditoire à nos propos. Dans ce cas, on ne renonce pas toujours à certaines petites tricheries (sophismes) et on n'hésite pas à faire appel à l'émotivité de notre auditoire en vue de fausser son jugement: c'est le résultat qui compte. Vous avez sans doute reconnu le jeu de la persuasion; l'art qui le gouverne se nomme la «rhétorique». Cette manière de convaincre obtient malheureusement la faveur populaire même là où elle n'est pas appropriée. La rhétorique est souvent légitime. La faiblesse d'une démarche de conviction réside dans sa lenteur. On ne peut pas toujours attendre que tout le monde soit convaincu avant d'agir. La persuasion est dans ce cas une solution légitime, pourvu qu'on respecte au moins les règles de l'argumentation. Mais le plus souvent, la rhétorique sert à faire valoir des intérêts personnels au détriment de l'intérêt collectif. La rhétorique revêt alors les atours du discours de la conviction. Elle n'aboutit qu'à créer de l'injustice et à obscurcir le véritable débat des convictions. À ce jeu, certains individus gagnent des avantages à court terme. À long terme, tout comme à la guerre, il n'y a pas de véritable vainqueur. Pourquoi?...

On se moque d'un individu qui triche en jouant à un jeu solitaire, un jeu de patience avec des cartes, par exemple. Cette personne triche avec elle-même, ce qui est un peu ridicule. Tricher dans un jeu solitaire procure une satisfaction bien éphémère: en succombant à un mouvement d'impatience, on obtient un soulagement passager mais on annule en même temps l'intérêt du jeu. Le même phénomène se produit quand on utilise la rhétorique pour défendre des intérêts mesquins. Quel est l'intérêt du jeu de l'argumentation? À quoi sert-il d'argumenter? Les êtres humains argumentent pour unifier, choisir et corriger leurs actions. On pourrait dire que les discours délibératif et judiciaire visent à modifier le monde réel. Pour y parvenir, on pourrait se contenter de la rhétorique si les buts de ces actions nous étaient tous fournis par la nature. Mais nous avons vu dans l'introduction et la première partie de ce livre que ce n'est pas le cas. Les discours délibératif et judiciaire dépendent du discours épidictique dont on pourrait dire qu'il vise à modifier le monde des idées. Les valeurs sur lesquelles repose le choix de nos actions dépendent des intentions humaines. Celles-ci ne sont pas inscrites dans la nature, on les invente et on les affine par un dialogue constant avec les autres, d'où le nom de «dialectique» qu'on donne à cette manière d'argumenter. La dialectique est l'art de convaincre. Or, à ce jeu, tromper les autres c'est se tromper soi-même car on ne peut se convaincre soi-même sans faire appel aux autres, ce sont eux qui nous fournissent les points de vue nouveaux et contradictoires qui assurent la progression de notre pensée. Aussi, brouiller les cartes c'est brouiller nos cartes. En dialectique, il n'y a pas de vainqueur individuel, la victoire est collective.

Bien sûr, les satisfactions que les gens retirent de la rhétorique sont beaucoup plus tangibles que celles de la dialectique. Le succès en politique, en affaires et en conquêtes amoureuses est souvent la conséquence d'une bonne performance rhétorique. Le pouvoir, l'argent et le sexe sont les dieux du panthéon de nos sociétés de consommation, mais peut-être y verrons-nous des leurres éphémères si nous nous posons la question dialectique: qu'est-ce qu'une vie humaine accomplie?

La dialectique est la démarche de la philosophie. Elle se distingue de la rhétorique non seulement par une exigence plus grande par rapport aux techniques de l'argumentation, mais surtout par son intention. La dialectique ne vise pas à entraîner la conviction des autres à tous coups et par n'importe quel moyen. L'art de convaincre n'est pas l'art de persuader. Convaincre une personne, c'est l'amener à partager une partie de notre compréhension du monde. Ce qui ne peut se réussir si nous ne sommes pas prêts de notre côté à partager la compréhension du monde de l'autre, si nous ne sommes pas prêts à nous laisser convaincre. Aussi, avant de convaincre les autres, faut-il se convaincre soi-même en examinant tous les aspects de la question, tous les points de vue qui se confrontent. Dans ce contexte, l'essentiel de la dialectique, c'est de savoir découvrir le sens d'un litige et les valeurs qui le concernent.

CHAPITRE **18** LE SENS ET LES VALEURS

Les mots au moyen desquels nous exprimons notre rapport à une thèse sont tirés du vocabulaire spatial: on se situe par rapport à une thèse, on exprime notre position. C'est que l'enjeu des discours argumentatifs est toujours le sens de quelque chose: le sens d'une action, d'une chose ou d'un animal, de l'existence humaine, etc. La signification du mot «sens» dans son contexte spatial nous aide à comprendre sa signification dans le contexte de l'argumentation. Dans l'espace, le sens est une direction entre deux directions possibles sur un même axe. Ce n'est pas un but à atteindre, mais simplement une direction. Par exemple, la flèche sur un panneau de signalisation qui annonce une rue à sens unique indique le sens à suivre et non un but à atteindre. Il en va de même dans le domaine de l'argumentation. Quand on parle du sens de l'existence humaine, on n'entend pas par là un but à atteindre mais une direction à donner à notre existence. Le sens que nous donnons à l'existence humaine détermine par la suite les valeurs que nous attribuons aux actions, aux choses, aux idées, etc. Pour comprendre cela, il nous faut d'abord distinguer les notions de «sens» et de «signification».

C'est à tort que nous parlons du sens des mots et des énoncés. Les mots et les énoncés ont simplement une signification. Ce sont les actions humaines, les manières d'être, les comportements des animaux, les événements et les propriétés des choses qui ont un sens. Les mots et les énoncés nous servent à exprimer un sens ou la concordance entre le sens d'un objet et celui des projets ou des attentes humaines. Par exemple: «Les rats transportent des maladies, ils ont été à l'origine de plusieurs épidémies de peste bubonique. Ils sont donc nuisibles.» Les prémisses de ce raisonnement expriment un sens, une direction du comportement des rats: «les rats transportent des maladies». La conclusion exprime une valeur: les propriétés ou les comportements des rats ne correspondent pas aux attentes humaines (c'est-à-dire au sens de l'existence des humains). On pourrait poursuivre cette argumentation et conclure par un but: «Il faut protéger les humains de cette contamination.» On voit bien dans cet exemple les deux niveaux d'intervention du discours argumentatif. Celui du discours épidictique: le rapport entre le sens de l'existence humaine et les valeurs; et celui des discours délibératif et judiciaire: le rapport entre les valeurs et les buts poursuivis.

De ce point de vue, il est facile de comprendre la dépendance des discours délibératif et judiciaire à l'égard du discours épidictique. Aucune décision collective, aucune institution sociale n'est possible sans une certaine entente préalable sur le sens de l'existence humaine et les valeurs qui s'ensuivent. Il est complètement stérile de tenir un discours délibératif quand il n'y a pas entente sur les valeurs. La première étape dans la conception d'une argumentation consiste donc à déterminer son niveau: épidictique ou délibératif-judiciaire? La thèse ne peut nous aider dans ce cas à déterminer ce niveau puisque c'est nous qui choisissons la thèse. La question pourrait se formuler ainsi: «Quel niveau de thèse dois-je choisir?» C'est le sens du litige qui nous fournit la réponse à cette question. S'agit-il d'un conflit concernant l'application de valeurs partagées ou d'un conflit portant sur les valeurs elles-mêmes? Dans le premier cas, le niveau délibératif-judiciaire est approprié. On y traite les conflits d'intérêts, d'interprétation des données ou du choix technique des moyens à prendre pour atteindre un but, etc. À ce niveau, des personnes neutres peuvent souvent trancher le débat en s'appuyant sur des valeurs partagées par une bonne majorité de leurs concitoyens. Quand le litige porte sur les valeurs elles-mêmes, on doit essayer de faire progresser la réflexion au moyen d'un discours épidictique plutôt que de se lancer dans une délibération hâtive qui a toutes les chances de demeurer stérile.

Quand nous argumentons en réponse à une argumentation adverse, nous ne devons pas reproduire automatiquement le niveau argumentatif de notre interlocuteur. Il arrive souvent que des gens traitent un conflit d'intérêts sous le mode épidictique pour lui donner plus de noblesse. Vous verrez un exemple de ce procédé dans les exercices qui suivent. Parfois c'est l'inverse, on traite à un niveau délibératif une question manifestement épidictique: l'avortement sur demande, par exemple.

En résumé, la première étape dans la conception d'une argumentation consiste à bien cerner le sens du litige afin d'intervenir à un niveau argumentatif approprié. Pour ce faire, on doit identifier les valeurs qui appuient l'argumentation et se demander si le litige porte sur les valeurs elles-mêmes ou simplement sur leur application. Cette étape est très importante. Quand on l'omet, on risque de produire un discours stérile, soit parce qu'on discute à un niveau épidictique des choses sur lesquelles tout le monde est d'accord, soit parce qu'on fait appel dans un discours délibératif à des valeurs sur lesquelles il n'y a pas d'accord. Dans ce dernier cas, nous prenons pour acquis ce qui est précisément l'objet du litige.

EXERCICES: SENS ET VALEURS

Les textes suivants sont-ils rhétoriques ou dialectiques? À quel niveau d'argumentation se situent-ils? Quelles sont les valeurs auxquelles ils font appel?

«QUAND J'TE DIS...»

«— que l'industrie laitière représente un milliard 300 millions $ annuellement dans l'économie du Québec;

«— que les produits laitiers sont les principaux produits agricoles du Québec, et que le beurre est l'un des rares produits agricoles d'exportation du Québec, qui fournit environ 50% du beurre dans tout le Canada;

«— que l'industrie laitière du Québec, c'est 37 000 emplois: ceux des 17 000 producteurs de lait, plus 20 000 autres emplois directement reliés à l'industrie;

«— que depuis la légalisation de la vente de la margarine en 1949, avec l'entrée de Terre-Neuve dans la Confédération, la part du beurre est passée de 100 % à 35,6 % du marché au détail combiné beurre/margarine (Nielsen 1986);

«— qu'en Ontario, il y a plus de 30 ans que le gouvernement protège le marché de ses producteurs laitiers avec une loi semblable sur la coloration de la margarine; et que ceci n'a aucunement tué l'industrie de la margarine de l'Ontario;

«— qu'un sondage Gallup réalisé en 1987, auprès de 500 foyers du Québec, concluait que 6 consommateurs sur 10 préféraient que la margarine soit d'une teinte légèrement différente de celle du beurre;

«— que la couleur du beurre lui vient naturellement et que son jaune peut varier selon la saison et l'alimentation de la vache (i.e. présence de carotène dans le fourrage);

«— nous croyons qu'il est tout à fait légitime de protéger notre marché en recommandant que la margarine soit d'une couleur un peu plus pâle ou un peu plus foncée que le beurre; parce que le beurre, c'est aussi le beurre de tous les Québécois.» (Les 17 000 producteurs de lait du Québec, *La Presse*, Montréal, 15 août 1987)

RIRE... JAUNE

«Les consommateurs riront jaune dans quelques semaines lorsqu'ils verront que le gouvernement du Québec a changé, contre leur volonté, la couleur de la margarine.

«— Les consommateurs n'ont pas demandé au gouvernement de changer la couleur de leur margarine.

«— Les consommateurs sont satisfaits de la couleur présente de leur margarine.

«— Les consommateurs sont totalement en désaccord avec cette décision du gouvernement.

«— Les consommateurs, les éditorialistes et les margariniers, tous s'opposent à ce changement de couleur.

«— Ce règlement, qui nous est imposé contre notre volonté, ne cadre pas avec la philosophie du gouvernement libéral élu pour son support à la libre entreprise.

«Les consommateurs sont intelligents! Ils n'ont pas besoin d'aide pour choisir un aliment sain et peu dispendieux: la margarine.

«Monsieur Bourassa: Ne laissez pas votre ministre nous imposer ce changement contre notre volonté! C'est une question de principe... et de bon sens.

«Faisons connaître notre désaccord en téléphonant sans frais à Communication-Québec au 569-9311 ou en écrivant à Agriculture-Québec, 200-A, chemin Ste-Foy, Québec G1R 4X6. Vite! Le temps presse!» (L'Association des margariniers du Québec).

CHAPITRE **19** LE TRAITEMENT DIALECTIQUE D'UNE QUESTION

Nous avons vu au premier chapitre que le discours rhétorique est toujours au service d'intérêts particuliers. Si nous reprenons cette idée par rapport à la notion de «sens» que nous avons vue au deuxième chapitre, nous constatons que les gens qui tiennent un discours rhétorique sont toujours prisonniers d'un certain sens. Le vendeur est forcé de louanger son produit; le politicien, de louanger le programme de son parti; l'avocat, de louanger les vertus de son client. Le but du discours rhétorique n'est pas de se questionner sur un problème, mais de défendre une position arrêtée. De ce point de vue, l'approche dialectique par opposition à la rhétorique est avant tout une éthique de la pensée. Pour pratiquer la dialectique, il faut être libre: il faut savoir faire abstraction de nos intérêts personnels, il faut être capable de soutenir une thèse contraire à notre intérêt si on la reconnaît juste. Il va de soi que cette attitude exige une grande discipline de pensée et qu'elle n'est pas à la portée du premier venu. C'est à son détachement qu'on reconnaît le vrai philosophe, qu'on ne doit pas confondre ici avec le professeur de philosophie: le véritable philosophe peut aussi être juge, scientifique, homme d'État, journaliste, professeur, etc.

Pourquoi cette exigence qui peut sembler un peu contre nature? Pour décider correctement d'une question, il faut être affectivement neutre; sans quoi le jugement de sens que

119

nous portons risque d'être dévié. Un de nos amis ne dépense pas à la légère, il surveille toujours attentivement ses finances. On dit de lui qu'il est économe, ce qui est une qualité. D'une personne que nous aimons moins et qui se comporte de la même façon, on dit qu'elle est avaricieuse, ce qui est un défaut. C'est évidemment notre affectivité qui nous fait conclure ici à l'emporte-pièce. Peut-il en être autrement? Cet exemple nous porte à penser que la réalité est neutre et l'application des valeurs, toujours subjective. En fait, les événements de la réalité ont un sens qui est plus complexe que les valeurs au moyen desquelles nous les jugeons. Les valeurs sont toujours bipolaires, positives ou négatives, parce qu'elles signifient la correspondance à un sens que les êtres humains donnent individuellement ou collectivement à leur existence. La réalité n'est pas bipolaire, chaque événement correspond et ne correspond pas, à des degrés divers, à une même valeur. L'acte d'évaluer, c'est-à-dire de juger dans quelle mesure un acte réalise une valeur, est une sorte de bilan de tendances opposées. Par exemple, les êtres humains ont toujours les défauts de leurs qualités et les qualités de leurs défauts; sous un même rapport, ils sont à la fois bons et mauvais. Il n'y a que dans un certain cinéma américain que le bon agit toujours bien et le méchant, méchamment.

Évaluer correctement un événement ou une conduite nécessite qu'on en considère les aspects positifs et négatifs. En pleine lumière ou en pleine obscurité, on ne voit rien. La réalité est un jeu d'ombres et de lumières. C'est à cètte ambivalence du réel que la méthode dialectique obéit. Au niveau délibératif et judiciaire, elle consiste à toujours étudier dans leurs aspects positifs et négatifs les différentes facettes d'un problème. Le but premier de cette méthode n'est pas de faire valoir ou de contredire une thèse mais de découvrir la thèse qui s'impose en tenant compte des exigences d'un système de valeurs particulier et des données du réel.

Dans un discours délibératif, on s'interroge sur le bien-fondé d'une action. Les quatre questions suivantes permettent de faire le tour du problème:

1. Dans quelle mesure cette action est-elle réalisable?

2. Dans quelle mesure cette action est-elle juste?

3. Quelles seront les conséquences bonnes et mauvaises de cette action?

4. L'action est-elle importante?

Chacune de ces questions sera évidemment plus ou moins pertinente selon le contexte. Si vous vous opposez à une mesure parce que vous la jugez irréalisable, il serait idiot de soutenir par la suite qu'elle aura de mauvaises conséquences.

Dans un discours judiciaire, on s'interroge sur le bien-fondé d'une accusation. Ici aussi, quatre questions nous permettent de faire le tour du problème:

1. L'action a-t-elle eu lieu?

2. Dans quelle mesure l'action est-elle mauvaise?

3. Dans quelle mesure l'action est-elle justifiée?

4. Dans quelle mesure l'accusé(e) est-il(elle) responsable?

Le comportement des enfants illustre bien le sens de ces questions. À la question (1), un enfant que l'on accuse d'une faute répondra que ce n'est pas vrai, qu'il n'a pas posé l'action mauvaise dont on l'accuse. À la question (2), il répondra qu'il n'a fait ça que pour rire, ce n'était donc pas méchant. À la question (3), il répondra que c'est l'autre enfant qui a commencé. Enfin, à la question (4), il dira qu'il n'a pas fait exprès. Évidemment, un même enfant, à moins d'être idiot, ne répondrait pas de la sorte aux quatre questions. Pour se défendre d'une accusation, il suffit de prouver la négative d'une seule de ces questions; mais pour soutenir une accusation, il faut être en mesure de prouver l'affirmative de chacune d'elles. Ces questions, comme celles du discours délibératif, sont en conjonction et non en convergence les unes par rapport aux autres.

Le discours épidictique ne se laisse pas réduire à quatre questions fondamentales comme les discours délibératif et judiciaire. Ces deux genres de discours évaluent: ils permettent de juger dans quelle mesure certaines valeurs sont réalisées. Le discours épidictique valorise. Mais que veut dire «valoriser»? Dans le chapitre sur la crédibilité, nous avons déjà cité l'exemple du philosophe Jean-Paul Sartre qui répondait: «La santé, pourquoi?» à un journaliste qui lui faisait remarquer que les différents stimulants qu'il consommait étaient mauvais pour sa santé. C'est là un bel exemple de discours délibératif qui tombe à plat. Sartre acceptait l'évaluation du journaliste mais il ne valorisait pas la santé. La santé n'était pas une orientation prioritaire de son existence. Valoriser, c'est indiquer un sens à suivre; ce qui a pour effet de faire naître des valeurs, ou de situer certaines valeurs par rapport à d'autres valeurs.

Comment indique-t-on un sens à suivre? Comment les êtres humains inventent-ils le sens qu'ils donnent à leur existence? Nous connaissons tous intuitivement la réponse à ces questions. Que font le père ou la mère qui veulent indiquer un sens à suivre à leur enfant? Ils lui présentent des modèles à imiter: un ami, un parent, un héros de l'enfant, etc. Le sens que les êtres humains donnent à leur existence, ils le puisent en premier lieu dans leur expérience; et, au départ, ce sens de l'existence prend la forme d'une image de soi plus ou moins consciente. De ce point de vue, la poésie, le roman, le théâtre, le cinéma... tous les arts et tous les moyens de communication de masse, journaux, magazines, télévision, etc., participent au discours épidictique. Toutes les sociétés fournissent à leurs citoyens une brochette de saints et de héros à imiter. Elles fournissent aussi des modèles d'organisation sociale, des modèles d'interprétation et de transformation du monde matériel, etc.

Cette constatation nous permet de réaliser l'importance que revêtent les exemples réels et fictifs dans le discours épidictique. Le discours épidictique est en premier lieu un discours inductif, il prend ses racines dans l'observation de la réalité; mais il ne peut en rester là car, à côté des modèles à imiter, il existe des antimodèles à ne pas imiter. Comment les distinguer? Pourquoi imiter Gandhi plutôt que Hitler? Les modèles constituent la matière, le contenu du discours épidictique. Tout comme nous avons besoin des théories scientifiques pour comprendre les événements du monde matériel et décider des meilleurs moyens à prendre pour atteindre un résultat désiré, nous avons besoin des théories philosophiques pour comprendre les modèles et décider de leur aptitude à guider notre existence. C'est là le rôle indispensable du discours philosophique au sein du discours épidictique.

20 LE DISCOURS PHILOSOPHIQUE

Il est impossible de présenter une méthode philosophique unique car les grands systèmes philosophiques résultent tous d'une méthode particulière. Chercher à présenter un échantillonnage de ces méthodes nous amènerait à résumer de façon trop succincte les 20 derniers siècles de l'histoire de la philosophie. À travers la diversité des méthodes, il existe quand même une démarche constante de la philosophie tout au long de l'histoire: la philosophie participe, d'une façon particulière, au dialogue que l'ensemble des membres d'une société entretiennent sur les orientations à donner à leur vie et à leur société; et les philosophes dialoguent entre eux. L'art de dialoguer, l'art de convaincre, nous l'avons nommé la «dialectique». C'est cette démarche que nous retiendrons à titre de méthode philosophique de départ. La fréquentation des grands philosophes vous permettra plus tard d'affiner cette méthode, ou d'en adopter une autre.

Les particularités de la démarche dialectique en philosophie proviennent de l'objet auquel on l'applique. Pour expliquer cette démarche, nous allons commencer par réfléchir sur ce que nous savons de la dialectique au sein du discours quotidien. Dans un deuxième temps, nous considérerons l'objet particulier de la philosophie; cela nous permettra de comprendre la démarche de la philosophie au moyen d'un parallèle avec le discours scientifique.

Toute l'étude du discours quotidien que nous avons faite jusqu'ici gravite autour des moyens de convaincre: conviction antérieure, analogie, exemple réel et exemple fictif. Quand nous avons voulu évaluer ces moyens de convaincre au moyen des critères de pertinence, de suffisance et de crédibilité, nous avons dû indiquer leur référence aux deux grands pôles de la pensée humaine: le monde des idées et le monde réel. Le devenir continuel du monde réel nous empêche de le comprendre si on ne cherche pas à y trouver des constantes, de l'être. Cet être, nous le construisons au moyen des exemples qui proviennent du monde du devenir et nous l'exprimons au moyen des maximes: les maximes sont des lois, elles expriment des constantes, de l'être. Ce dont nous n'avons pas parlé jusqu'ici, c'est du fait que les maximes, les lois entretiennent des relations entre elles. Nous appelons «une théorie» les relations que nous établissons entre les lois. Par exemple, la théorie de l'évolution ou la théorie de la relativité sont des ensembles de lois qui expliquent un même ensemble de phénomènes. On relie aussi les théories entre elles, on parle alors d'un «système». Les théories et les systèmes s'évaluent au moyen des critères de cohérence, de consistance, d'intégralité et de simplicité. La cohérence nous permet d'évaluer l'unité d'une théorie: toutes les lois doivent être reliées entre elles. Les lois d'une théorie ne doivent pas entrer en contradiction. On dit alors que la théorie est consistante. Une théorie doit expliquer l'ensemble des phénomènes qu'elle concerne, sinon elle est incomplète: il lui manque certaines lois, c'est ce que nous appelons ici son intégralité. Quand aucune théorie ne répond à ce critère, on choisit celle qui explique le plus grand nombre de phénomènes. Enfin, quand deux théories sont équivalentes par rapport aux critères qui précèdent, nous choisissons celle qui est la moins compliquée, la plus simple.

Les théories dont nous parlons ici sont des théories scientifiques: les lois qu'elles relient expriment des constantes, de l'être. Or, nous avons vu, dans l'étude du critère de crédibilité, que certaines maximes (les énoncés normatifs) n'expriment pas de l'être mais du devoir être. Notre représentation des pôles de la pensée humaine n'était donc pas complète. Le monde des idées comprend non seulement de l'être, mais aussi du devoir être. Au monde du devenir et à celui de l'être, il faut ajouter le monde du devoir être, c'est-à-dire le monde des intentions humaines, le monde du sens. Le sens est l'objet d'étude particulier à la philosophie.

Les théories philosophiques sont des théories du sens. On les appelle des «conceptions»: conception de l'être humain, conception du monde, conception de la liberté, etc. Quand une philosophie a la prétention d'expliquer le sens de l'ensemble des phénomènes de l'univers au moyen de ses diverses théories, on parle alors d'un «système philosophique». Les philosophies d'Aristote, de Thomas d'Aquin, de Hegel sont des exemples reconnus de systèmes philosophiques.

À quoi servent ces théories et ces systèmes philosophiques? La philosophie n'est-elle pas une affaire personnelle puisqu'on entend souvent dire que chacun a sa propre philosophie? Le choix d'un modèle ne serait-il pas une simple question de goût, de préférence? Il faut admettre qu'en dernier ressort, le caractère, le tempérament et peut-être même la constitution physique de chacun influent sur l'intuition du vrai, du bien et du beau qui fonde les conceptions philosophiques. Mais, de même que le savoir n'est pas la perception bien que tout savoir provienne de la perception, de même le sens n'est pas la préférence bien qu'il provienne d'elle. On sait que les théories scientifiques étendent le champ de nos connaissances bien au-delà de ce qu'il nous est possible d'observer par nous-mêmes. Il leur arrive même de corriger certaines apparences trompeuses que nous fournit notre perception. Si on se fie à notre perception, par exemple, on a l'impression que la Terre est immobile et que le Soleil tourne autour d'elle. On ne sent pas la Terre bouger et on voit tous les jours le Soleil se lever et se coucher. La théorie de l'héliocentrisme et plus tard celle de la relativité nous ont permis de corriger cette erreur. Tout comme il y a des apparences trompeuses, il y a des préférences trompeuses. On est naturellement porté, par exemple, à ériger notre point de vue personnel en absolu, et à considérer comme des idiots ceux et celles qui ne le partagent pas. Cette attitude s'appelle de l'égocentrisme. La réflexion philosophique nous permet généralement de surmonter cette attitude.

C'est par l'invention de concepts qui désignent les propriétés et les relations des exemples que les théories nous permettent de dépasser la perception et la préférence. Par exemple, en physique, les concepts de force, de masse, d'énergie, de gravitation, etc., désignent des relations entre les corps. Ces concepts nous permettent de comparer les relations entre les corps et de généraliser notre expérience. Les concepts philosophiques de sens, de valeur, de liberté, de justice, etc., ont la même fonction par rapport au devoir être. La différence entre la science et la philosophie, c'est que la philosophie considère toujours le sens des objets qu'elle étudie. Les exemples en philosophie sont des modèles, c'est-à-dire des exemples de devoir être. Les lois philosophiques sont des énoncés normatifs, elles expriment un sens; et les théories sont, comme nous l'avons vu, des théories du sens.

Est-ce à dire que la méthode de la philosophie est la même que celle de la science? Certains philosophes l'ont déjà cru. En philosophie comme en science, on fait la critique interne des théories au moyen des critères que nous avons vus précédemment. Ce sont les théories et les conceptions qui fondent la pertinence des arguments. Dire d'un rapport qu'il est généralement admis, c'est dire qu'une théorie ou une conception qu'on accepte l'appuie. On ne peut fournir à ce moment-ci d'exemple de cette démarche parce qu'elle suppose la connaissance de différentes conceptions philosophiques que vous étudierez ultérieurement. Les autres cours de philosophie que vous suivrez vous amèneront à comparer différentes conceptions du monde, de l'être humain, de la liberté, etc., et à en faire la critique interne.

Dans ces cours, vous devrez aussi faire la critique externe des conceptions. Celle-ci consiste à juger la crédibilité des lois d'une conception particulière. Les conceptions comprennent des énoncés de valeur qui sont induits à partir de modèles, et des énoncés normatifs qui sont déduits de la théorie. On peut juger la crédibilité des premiers en cherchant des contre-exemples susceptibles d'annuler l'induction qui leur a donné naissance. La crédibilité des énoncés normatifs se juge par les conséquences qu'on peut en déduire. Contredire un énoncé normatif, c'est montrer qu'il conduit à des conséquences indésirables.

La critique externe en philosophie se distingue de la démarche scientifique en ce qu'elle fait appel à une expérience beaucoup plus large. Les sciences ont tendance à se limiter à ce qui est mesurable. Les lois scientifiques s'énoncent le plus souvent sous la forme d'une équation mathématique. Bien qu'elle utilise les résultats quantitatifs de la science, la philosophie ne s'y limite pas. L'expérience sur laquelle s'appuie la philosophie comprend, en plus, la perception du monde extérieur telle qu'elle nous est donnée par nos sens; et aussi cette sorte de perception intérieure que nous fournit l'observation attentive de ce qui se passe en nous et qu'on appelle «introspection».

EXERCICES: CONCEPTIONS ET MODÈLES

Dans ce petit discours philosophique, l'auteur soutient qu'il «est beaucoup plus sûr d'être craint que d'être aimé, quand on doit se défaire de l'un des deux». *a*) Au moyen de modèles de votre cru, jugez la conception de l'être humain qui soutient cette thèse. *b*) En considérant cette thèse comme une maxime normative, essayez d'en déduire certaines conséquences possibles. *c*) À quel sens de l'existence cette thèse se réfère-t-elle?

ÊTRE AIMÉ OU ÊTRE CRAINT?

«À ce sujet naît une controverse: s'il est mieux d'être aimé plutôt que d'être craint ou le contraire. On répond qu'il faudrait être l'un et l'autre; mais, parce qu'il est difficile de les assortir, il est beaucoup plus sûr d'être craint que d'être aimé, quand on doit se défaire de l'un des deux. Car on peut dire ceci des hommes en général: ils sont ingrats, inconstants, simulateurs et dissimulateurs, ils veulent fuir les dangers, sont cupides; pendant que tu leur fais du bien, ils sont tout à toi, ils t'offrent leur sang, leur propriété, leur vie et leurs enfants, comme j'ai dit plus haut, quand le besoin n'existe pas; mais quand il fond sur toi, eux se détournent. Nu et pris au dépourvu, le prince qui s'est fondé uniquement sur leurs paroles se perd; parce que les amitiés qui s'acquièrent contre paiement plutôt que d'être le fruit d'une grandeur et d'une noblesse d'âme, s'achètent, mais on ne les possède pas, et elles ne peuvent pas être utilisées dans le besoin.

«Les hommes craignent moins de faire du tort à quelqu'un qui se fait aimer qu'à quelqu'un qui se fait craindre; parce que l'amour est tenu par un lien d'obligation, qui, parce que les hommes sont de tristes individus, est défait à chaque fois que l'intérêt propre rentre en jeu; mais la crainte est maintenue par une peur des représailles qui ne t'abandonne jamais.» (Machiavel, *Le Prince*, trad. Gérald Allard. Sainte-Foy, éd. Le Griffon d'Argile, 1984. p. 61, 62.)

CONCLUSION

Au terme de ce manuel, vous devriez être en mesure de savoir reconnaître la place qu'occupe le débat philosophique dans nos sociétés. D'un point de vue pratique, la philosophie a pour fonction d'éclairer et de fonder les énoncés normatifs et les énoncés de valeur. Peut-on se limiter à ce point de vue pratique? La philosophie n'est-elle qu'un outil servant à éclairer nos actions?

D'un autre point de vue, on peut considérer la philosophie comme une fin en elle-même. Notre condition humaine ne nous condamne-t-elle pas à philosopher? Un philosophe de l'antiquité qui se nommait Platon soutenait qu'une vie non réfléchie ne vaut pas la peine d'être vécue. Être humain, c'est assumer le sens de notre existence, sans quoi on ressemble à un robot programmé par certains courants d'idées de son époque. La quête du sens de l'existence humaine est la pierre angulaire de la philosophie. Il y a plus de deux mille ans, celui qu'on considère comme le père de la philosophie, Socrate, avait pour adage: «Connais-toi toi-même.» Il ne faut évidemment pas interpréter cet adage de manière égocentrique.